U0141385

遇見毛孩，遇見更好的自己

★ 第一本為毛孩主人打造的心理療癒書！

Encountering Furry Friends, Meeting the Better Version of Myself

作者
動物情商療癒師 ────■ JYC

獸醫的話

多年來爲毛孩們看診治療的經驗，我發現到很多時候，毛孩們身體、情緒的問題，是跟飼主息息相關的。不是每一個人都是天生懂得照顧毛孩，很多的照顧細節，其實是要用心學習的，而照顧者的心情、狀態，也都會影響到是否能夠把毛孩們照顧得好，尤其是已經生病的動物。

看診時，也發現很多飼主因爲太擔心毛孩們的病情，反而將自己的緊張情緒，變成了過多的付出，因此也造成了毛孩們的壓力。或是，飼主們有太多的擔憂，到處找不同的方式、看不同的醫生，讓毛孩們處於多樣不同的治療方向下，未能眞正得到治癒外，反而病情變得更嚴重。很多時候，因爲飼主的情緒壓力過高，沒能夠找到方法幫自己舒緩內在的壓力，而這些壓力間接的影響到照顧毛孩的過程了。

照顧毛孩並不簡單，特別是已經生病的毛孩，經常要餵藥、帶牠們到診所看病、打針，甚至是病情嚴重的，還需要做手術。不論是在精神上或是情緒上，飼主們都會有不同的壓力與負擔。

在問診的過程中，除了花大部分的時間檢查、解釋毛孩們的健康問題外，經常也需要與飼主們溝通，而在這對話的過程中，會發現很多毛孩的照顧問題，跟當時飼主們的情緒、內心的狀態，是有很大的關聯。

身爲獸醫，治療照顧毛孩的健康，是首要的任務。要做到最全面、完善的診治，飼主的情緒狀態，也是得需要兼顧的。但礙於看診時間有限，無法能夠好好的與飼主們溝通，舒緩他們的情緒，只能盡力在話語間幫他們緩解擔心毛孩們的心情。

無法為自己用話語表達的毛孩們，非常需要倚賴飼主們用心觀察細微的變化。而能夠做到這樣的細心照顧，是需要飼主們本身也能夠在心情處於比較舒適的時候，才能有多餘的心思去注意這些情況。

　　所以，能夠有方法來直接或間接的，可以幫助飼主們在照顧毛孩的過程中，情緒能得到舒緩，心情壓力也能夠釋放，這會是幫到飼主們重新調整心情、情緒外，也能夠用更好的狀態，來照顧心愛的毛孩們。

　　另外，與毛孩們道別的議題，也是最困難的。如何讓飼主們可以在最後的時刻放手，讓毛孩們解脫，也是非常不容易的。醫學上的解釋，是在診治時可以提供給飼主們。但最後內心的不捨得，卻是需要飼主們能夠找到管道，幫助自己走出這最後離別的痛。

　　希望這本《遇見毛孩，遇見更好的自己》，可以是讓飼主們，在需要的時候，找到內心需要的訊息，平衡自己情緒的方式，更是在與毛孩們道別後，可以找到真正放下的心情。

　　祝福每一個遇見毛孩的飼主們，都可以在互相陪伴的過程歲月中，找到一個更好的自己。

獸醫／樊展霆

Dr.Justin Fan
Dr.Fan's Animal Care Centre

寫在前面

　　陪伴，是一輩子的學習課題。我們每一天都練習著與身邊的人相處，練習著照顧好心愛的毛孩，以及練習著呵護自己的心情感受。

　　照顧毛孩的日子，總是充滿了溫馨的感受，同時也面臨很多挑戰。不論是初期與毛孩的磨合相處，或是照料身體上的病痛，直至最後要面臨的道別，都是與毛孩陪伴過程中，我們都得面對的。

　　而照顧毛孩的過程中，我們可以重新學習付出關愛與接受愛。從每天的起居、飲食的照料，到生病、看診的擔憂，直到最後道別、分離的傷心。毛孩讓我們學習尊重生命的自然變化，也讓我們更懂得如何好好照顧牠們、照顧自己。

　　生活中，充滿了很多複雜的關係，相對來說，與毛孩的共處，經常是最單純、直接的，少了很多人與人之間的猜忌、誤解。可愛的毛孩，最容易讓人直接打開自己的心房，用最眞誠的情感，與牠們共處。每一段陪伴毛孩的關係，都是我們重新認識自己的機會，在照顧、呵護牠們的同時，我們也重新觸碰自己內心深處那些需要被關注的情緒、意識。

　　我們常常會因爲不懂得呵護自己，反而在身邊的人、或是毛孩身上，索取需要的關愛。因爲內心的未能得到滿足，反而會太用力給予付出而造成失衡的關愛。讓接受愛的一方，感覺到太多控制、難以喘息。

　　很多時候，我們也因爲沒能好好傾聽內心的感受、訊息，不知道如何陪伴自己、與自己相處，內心出現很多負面情緒，打亂了很多原本美好的關係。

遇見毛孩，是給我們再次遇見自己的機會，讓我們用最純真的心，面對自己。讓自己重新感受內心的需要，從照顧毛孩的過程中，學習同理牠們需求，來給予牠們最好的生活品質與照料。

　　我們會因為懂得感受需要，才能知道給予更多更合適的關愛。我們也能因為心防卸下，而真實感受到情感的交流。毛孩，讓我們面對真實的自己，在照顧的過程中，重新看到自己需要面對的議題。也從這些問題裡，找到讓自己變得更好的方法。

　　與毛孩相處的過程中，我們也會面臨很多自己內心的情緒。這也是讓我們可以好好面對自己內在真正的需要，找到平衡情緒的方式，學習關愛、滿足自己的照顧。當我們開始懂得陪伴自己時，便不再感到孤獨、寂寞。當我們學會呵護自己時，我們可以開始找到幸福、溫暖的感受。

　　希望這本書，可以幫助與毛孩同行的你，在照顧毛孩過程中，面臨：徬徨無助時，可以找到穩定內心的方式；遇到毛孩生病痛苦，感到擔憂焦慮時，可以用最客觀的心態，來幫助毛孩得到療癒；面對毛孩的離別，心痛不捨時，可以找到最溫暖的方式，來讓自己放下心中的不捨，用祝福代替傷痛，與毛孩道別。陪伴毛孩、陪伴自己，在這段同行的過程中，遇見更好的自己，遇見生活中想要的幸福。

　　「我是那聽故事、講故事的人。願陪伴大家，一起在不同故事中，找出屬於自己、活出自我人生的精彩故事。」

動物情商療癒師／ *LYC*

目錄

part1 毛孩的禮物

從毛孩到來的那一刻開始，生活裡只有純粹美好，那是毛孩送給我們最寶貴的禮物。

part2 給毛孩的照顧

照顧寶貝的過程中，當遇上教養、生病、照顧等等問題，用心找尋和嘗試，找到改善的方法。

part3 給自己的照顧

毛孩們是很敏感的，當我們感到哀傷、焦慮、憤怒時，寶貝們也會感受到壓力。所以請好好照顧自己！

part4 最美的陪伴

珍惜相伴的每一刻,因為地久天長並不存在。在生命到達終點之前的倒數時刻,唯有陪伴而已。

part1

毛孩的禮物

從毛孩到來的那一刻開始，
生活裡只有純粹美好，
那是毛孩送給我們最寶貴的禮物。

相遇，是我們最美好的開始

遇上不如意的事，是苦臉面對，還是笑臉面對，全在我們的一念之間。當我們轉變心態、改變看法時，將會發現壞事的另一面，竟然是意想不到的好事！

那陣子是茵兒走進人生最灰暗的一段日子，交往十年的男友，有了小三。兩人在數個月的爭吵、拉扯後，男友終於向茵兒提出分手。這晴天霹靂的結果，茵兒一直無法接受，過去十年的情感，如何可以說分就分？茵兒內心感到極度的憤怒，被背叛的感受，讓她極為心痛。

同時間，因為心情低落，茵兒工作時頻頻出錯，也與同事起了很多爭執。茵兒每天只想把自己鎖在房間裡，不想面對任何一個對她慰問、關懷的人。

有一天，茵兒的童年好友千蕙，突然打電話給茵兒，用興奮的語氣，與茵兒分享她的喜訊。

「茵～我家喵媽媽生了～我家喵媽媽生了～」

還在沮喪中的茵兒，一時沒有會意過來千蕙在說什麼，只覺得千蕙好像特別興奮。

「妳在說什麼啊？」

「我家的貓，喵媽媽，生了好多寶寶啊！」

「噢……」不太想理任何事的茵兒，淡淡的回覆了。

「我傳照片給妳看，妳快找時間過來，真的好可愛歐！」

「噢……」茵兒依舊沒有很想參與千蕙的喜悅。

手機上開始收到數十張的照片，從喵媽媽開始分娩，直到一隻隻小貓寶寶出生的過程，全都記錄了下來。

看著照片的茵兒，心中突然有股說不上來的莫名感覺。雖然覺得貓咪生寶寶，跟自己也沒什麼關係，平常對動物也不是特別有感覺，只是就這樣滑著手機，看著一張張的照片。越看，心中越感覺奇怪。

然後茵兒也不知道哪來的想法，馬上換了衣服，就往千蕙家去。

看著一窩的貓寶寶，在喵媽媽身邊睡著。這群毛茸茸的小生物，有時會發出一點細微的聲音，動動身體。而茵兒就這樣一直看著，心中越來越覺得喜歡。本來憂鬱的心情，突然間好像消失了一大半。

「可以送給我一隻嗎？」茵兒問。

「好啊！妳想帶誰回去？」

「好難決定歐，全部都那麼可愛！」茵兒又靜靜地看著小貓們。

突然間，有一隻眼睛上方有黑色斑點的小貓，發出細小的聲音。

茵兒直覺地說：「就是牠了。」

「好，等牠再大一點，可以離開媽媽時，妳來帶牠回家。」

「點點，快快長大，帶你回家歐！」茵兒馬上幫小貓取了名字。

等待貓寶寶長大的日子，茵兒常常到千蕙家看小貓們。從第一天見到點點，茵兒彷彿在黑暗中找到光明，悲傷的心情漸漸淡去，

感覺遇見了新的轉機。

準備帶點點回家的前幾天，茵兒已經把家裡重新佈置過，就像迎接新生兒一般。整個家裡，已經改造成貓貓的遊樂天堂。點點睡覺的地方、貓砂、遊玩的箱子、玩具，一一具備。

茵兒自從把心思都放在點點身上後，心情出現了很大的改變。與前男友分手的難過情緒，已經不再那麼的揪心了。新的情感寄託，全都在點點的生活上。哪一種幼貓食品最好，什麼時候得去看醫生等等，茵兒都做了密密麻麻的筆記，全心想要照顧好走進生命裡的新夥伴。

點點到來後，茵兒就成了點點的媽媽，每日為點點準備餐點、陪點點遊戲。一人一貓的小世界，滿滿都是彼此陪伴的歡樂。點點的小貓屋，就放置在茵兒的床邊，他們每晚一起入睡，每天早上，一睜開眼，茵兒就會看到點點趴睡在她枕頭旁邊，等待一起起床。

茵兒真的很感激點點的出現，想不到這個小生命，竟為自己帶來了巨大的希望。原本陷入無止盡的絕望漩渦的茵兒，因為點點的到來，生命燃起了新的希望。

「點點，我真的好愛你！謝謝有你陪著我！」

茵兒每天抱著點點，真心感謝能夠與點點相遇，讓自己走出心碎的憂鬱，也能夠找到生活的新重心。

當我們被背叛、遺棄，當然會心痛、難過。這個時候，只要是讓心感覺舒服的事，就去做吧！讓新鮮事為自己帶來多點新意、歡樂，可以讓我們重新感受到幸福的滋味。唯有用心陪伴自己，才能走過這段難受的過渡期，找到新的生活重心。

發現不一樣的自己

每天每天像齒輪般轉動的生活日常，雖然平穩，卻像少了什麼，那是一種無以為之的寂寞。你以為生活就只能這樣嗎？試著給生活添加多點溫暖、多些不同的互動，我們可以找到更多關愛的感受與輕鬆的感覺。

　　從事平面設計的喬儷，公司成立了十幾年，全是自己安排一切工作，幾乎很少需要配合其他人的節奏工作。喬儷又是一個人獨自生活，所以大部分的時間，幾乎都投入在手上的案件工作，每天的生活並不需要太多的社交、約會。

　　幾個月前，喬儷外出買晚餐時，聽到街道邊的紙箱裡，有微微的聲響發出。走近一看，發現紙箱裡，有幾隻幼小的貓兒，貓媽媽卻不見蹤影。小貓們有幾隻都已經乾瘦、沒動靜了，只有一隻還有低微的哭聲。喬儷於心不忍，便把那眼睛未開、還在哭泣的小貓，帶了回家。

　　只懂得照顧自己，完全沒有照顧過別人的喬儷，帶了小貓回家，卻完全不知道如何照顧一個這麼幼小的毛孩。習慣上網找資料的喬儷，馬上爬文，也與好友貓狗義工倩倩聯繫，希望倩倩可以幫忙。手上工作排不開的倩倩，一時無法過來幫忙，也找不到其他義工可以接小貓回家照顧，喬儷便是唯一的人選，照顧這隻帶回來的幼貓。

　　喬儷跟從倩倩的指示，找了小針筒給予人手餵奶、做足保暖，隔天也帶了小貓去看醫生檢查。小貓的身體，出乎意料的沒有什麼大礙，只是營養不足。喬儷放下憂慮的心，告訴自己，既然到來了，也是上天特別的安排，給自己多一個伴，便去購買更多小貓需要的食品、用品，開始了當「貓媽媽」的角色。

　　每一天，喬儷都把新夥伴，放在自己工作檯的旁邊，只要小貓

一哭，喬儷馬上準備奶與營養粉，餵食貓貓。看著小貓在自己的手掌上，大口大口吸吮著餵食用的小針筒，再辛苦，喬儷都覺得值得了。有時捧著小貓餵食時間過長，手腕開始感到痠痛的喬儷，都會忍著疼痛，直到貓貓停止進食。看著小貓吃得開心，喬儷的心也感到特別欣慰。

　　一直以來，不論對誰都是沒有太大耐心的喬儷，突然間成了貓的媽媽，也感到自己好像變得很有耐心、很有愛。喬儷給小貓取名「大大」，希望小貓能夠健康長大。

　　接下來的幾個月，喬儷都是一邊在電腦前做著手上的案子，一邊照料著小貓。平常做事非常有效率，不愛等待的喬儷，只要手上的事情還沒完成，從不停歇。經常讓自己「忘記」進食、甚至沒有休息。

　　自從「接了」照顧貓寶寶的工作，一有哭聲，喬儷就停下手中的工作，不論是進行到了哪個環節，或是正在一通重要的通話中。餵奶的任務，已經是喬儷目前心中最重要的工作。沒有什麼事情，可以比養大貓貓更重要。喬儷的心，好像被打開裝進滿滿的愛，每天都給了大大。

　　漸漸的，大大長大了，開始活躍奔跳了。看到原本是乾瘦無力的小貓，現在雙眼有神，成了有力氣的小貓，喬儷感到非常安慰。沒想到居然在一個人獨居的生活中，出現了一個新的夥伴。

　　大大開始會跑、會跳，有時會躺在喬儷的腿上，陪著她一起在電腦前工作。有時會跳到桌面上，在喬儷滑著滑鼠繪製圖檔時，小貓也用小小的爪，側面敲打著移動的滑鼠。雖然影響了工作的進度，但喬儷都願意與大大一起玩這百玩不膩的遊戲。

　　喬儷的生活，因為大大，出現了很大的改變。原本生活中只有工作的喬儷，開始多了歡笑。雖然有時大大會把家中沙發抓破，或

是把喬儷的藏書從書櫃上撥下，喬儷都覺得是可愛、好玩的。多了耐心的喬儷，不僅享受與大大的每一分每一秒，合作的客戶，也發現與喬儷的對談，多了歡笑，少了緊張。

孤獨卻不寂寞，因為我們為自己，也為自己所愛的，一起在生活中找到更多關愛的方式，感覺到相互關懷的感受。

用心照顧，能讓我們學會了打開自己的心。真心付出，我們也可以感受到給予的幸福。

幸福，來自單純的陪伴

生活有時是很困難的，但能夠善用資源，滿足基本的需要，我們依舊可以感受到滿足、幸福。

　　二十出頭的致銘，到處打著零工，只能賺到足夠的錢，支付必須的開支，勉強維持三餐。居住在大都市，一切開銷都是昂貴的，基本的水電、電話、房租，已經讓致銘用盡了大多數的收入。三餐，其實都是最便宜的選擇，能省則省。

　　半年前，下班後的致銘，去了最划算的餐廳買了一個餐盒，走到小公園，享受辛苦一天後最美好的時刻。正當他打開飯盒時，依稀聽到嗚嗚聲。好奇的致銘放下餐盒，看到不遠處的草叢裡有一團棕色的小毛球，不停的發出「嗚嗚嗚」的聲響。

　　致銘走近一看，發現原來是隻可愛的小狗，卡在草叢中動彈不得。平時做慣花園整理的致銘，很快地就把纏在小狗腳上的樹枝輕巧的拉開，讓小狗從樹叢中放了出來。

　　「好啦，你可以自由了！」致銘笑著對小狗說。

　　依舊坐在地上的小狗，搖著尾巴，看著致銘。

　　「去吧！回去你主人那吧！」說完，致銘走回之前的凳子上，準備開始享用飯盒。

　　正當他要咬下那香噴噴的雞腿時，「嗚嗚」聲又再次發出。致銘轉過頭，看到小狗居然已經跟到凳子旁，坐在地上，用兩顆黑碌碌無辜的雙眼看著致銘。

　　「餓了嗎？」雖然自己一個飯盒其實也不是很夠吃，但致銘只想了一下，挖了一口飯放在手上，蹲下給小狗吃。

小狗一口馬上吃光，還猛舔著致銘的手掌。然後猛搖著尾巴的小狗，依舊看著致銘。

　　「沒有啦！回去找你的主人吃吧。」想到今晚可能會肚子餓到睡不著，致銘回頭吃自己的飯盒。

　　聽著耳邊不停的「嗚嗚」、「嗚嗚」，致銘不斷告訴自己，小狗都是這樣跟人要食物吃的，不可以被牠可愛的樣子給騙了。繼續咬著雞腿，故意把頭轉到另一邊，望向遠處，不理會小狗的哭求。

　　發現致銘不再看自己的小狗，走到了另一邊，讓致銘的目光有機會看到。依舊坐在地上，搖著尾巴，雙眼專注地看著致銘與飯盒裡的雞腿。

　　一向心軟的致銘，終於不敵小狗的眼神，咬了一口雞腿肉下來，放在手上給小狗吃。「最後一次啦！我都不夠吃啦！」小狗馬上把雞肉給吞了，並且不停地舔著致銘的手掌。

　　「好啦！已經全部給你了！回去吧！」致銘嘗試把小狗趕走，讓自己可以好好享用這個飯盒。

　　被趕的小狗，走遠了幾步，一轉身又跑回致銘的凳子旁，但這次就靜靜坐著，也不吵鬧了。

　　致銘心想，我再不快點吃完，等一下小狗又要分這個飯盒了。

　　一陣狼吞虎嚥後，飯盒吃得一乾二淨。致銘滿足了，轉身看到小狗依舊在一旁，乖巧地望著自己。「好啦！那盒子給你舔。」致銘放下手上吃光的飯盒，與小狗分享最後的一分美味。看到飯盒放到地上的小狗，興奮地搖著尾巴，一口一口的舔著盒內的每一個部分。

　　「滿意了吧？那我先走嘍。」致銘心想小狗得逞了，最後的滋

味都給牠了，應該吃飽就回去了。

　　大步走出公園時，致銘發現小狗居然跟了上來。致銘心想走快一點，甩掉小狗。走遠了，小狗自然就走回去了。

　　沒想到，往回家的路上，小狗一路跟著，直到家門口，都沒有停下來過。「不會吧！你不會以爲我還有更多東西吃吧？」致銘看著小狗說：「好啦！我們在這分開吧！眞的沒有吃的了。」揮手趕小狗離開。

　　開了門，準備入門的致銘，發現小狗居然就跑進門內，等著致銘進來。

　　「不是吧？你沒有家回嗎？」致銘有點不開心的問：「我自己吃都不夠了，我養不起你啦！」

　　聽到語氣不再友善，原本站著等待的小狗，直接坐在地上，搖著尾巴，再度用可愛的雙眼，看著致銘。

那對可愛的黑眼睛，好像有股魔法。致銘投降了。「好吧！那你留下來吧！」

彷彿聽懂這話的意思，小狗馬上衝到致銘腳旁跳躍著，舔著致銘。

從那一天的相遇起，致銘每一天下班後，買飯盒的同時，會多買一碗白飯。這就是他們兩個的晚餐。沒有多餘的預算可以增加更多的食物，但多的白飯可以一起分享飯盒裡有的菜肉，已經是致銘與小狗最滿足的時刻了。

雖然沒有太多可以享用，但對他們來說，最美好的幸福，就在這簡單的飯菜分享裡。

沒有富裕的條件，不論環境有多麼辛苦，只要能相互珍惜，這就是最溫暖的。相互陪伴的共處時光，才是兩個一起時最美好的一切。我們都可以在這樣簡單的生活日常中，找到幸福的感覺。

04

你的態度決定生活精彩

人生在不同階段，都會需要面對不同的調整。為自己在每個階段，找出當前的需要，內心才可以感覺到滿足。

剛過六十歲生日的薇美，孩子都長大了，不再需要每天早上很早起來準備早餐、午餐餐盒，或是下午得趕著去市場買菜，準備晚上回來孩子們的晚餐。薇美原本以為開始要享受自由的人生時，卻發現找不到生活的重心。因為孩子們全都搬出去與自己的家庭生活了，家裡只剩薇美一人，過去習慣每一天要做的事情，變得不再需要趕著完成了，頓時每天多了充裕的時間。

喝完咖啡漫步於街道，薇美沒有那種「自己終於可以過屬於一個人的自在生活」的悠閒感，只是不知道可以做什麼來打發時間。正當內心感到無助、沒有寄託時，薇美剛好經過了好友小嫻的家。

投入幫助流浪貓狗多年的小嫻，門前庭院是狗兒們追逐跑跳的遊樂場，大大小小十幾隻狗，每天都在這邊打鬧玩耍。

站在庭院外看著小狗們玩樂的薇美，突然覺得這些毛孩們好可愛，怎麼自己從來都沒有注意到呢？這麼多年來的時間、精力全都放在孩子們身上，好像從沒有想過自己需要什麼。看著庭院內的小狗們相互追逐、輕咬著對方的耳朵，薇美心中突然有個想法：不如我也幫忙照顧吧！

當薇美推開閘門走進庭院，聽到開閘聲的小嫻，已熱情的走出來與薇美打招呼。

「好一陣子沒見啦，跑哪去了妳？」小嫻笑著說。

「老樣子，每天忙，妳知道的！今天剛好經過妳這裡，看到小

狗們玩得好開心，大家都好快樂歐。那兩隻小狗是什麼狗呢？我沒養過寵物，完全沒概念。但覺得牠們好可愛歐！」

「白色這個小寶貝，是吉娃娃。」小嫻抱起了身子嬌小的毛孩。「妳要不要抱抱？」

「好啊！謝謝，好可愛歐。」還不習慣抱小狗的薇美，小心翼翼的將小狗捧了過來。「我家孩子們都大了，不常在家了，我想我也可以幫忙照顧這些毛孩。」薇美摸著懷中的小狗。

「太好啦！有妳幫忙，多個生力軍！另外這個小寶貝，是博美狗。」小嫻抱起另一隻小毛球，輕輕梳著小狗蓬鬆的軟毛。「牠很頑皮的，每次都會去追咬其他小狗。」瞇著眼笑著介紹兩個寶貝的個性。「這隻吉娃娃相對比較安靜。」

看著懷中的白色吉娃娃，一對大大的眼睛望著自己。薇美心想，到底要帶哪隻回家好呢？

「吉娃娃感覺很乖，博美狗活潑也很可愛。帶誰好呢？」

「妳感覺看看，兩個寶貝都很可愛，都有自己的性格。」小嫻將博美狗輕輕的交給了薇美。

抱著兩個暖暖的小毛孩，薇美內心感到非常舒服。兩隻小狗，也對她眨了眨眼，舔著薇美的手。

「真的不知道要帶哪一個好，不如我都一起帶回家吧。」

「太好了，兩個小朋友有新家了。還可以相互作伴。」

薇美開心的摸著兩個毛孩。小嫻接著花了一些時間，講解如何做一個新手「毛孩」媽媽。薇美雖然獨自一人帶大了三個孩子，但要照顧毛孩，這還是第一次，完全沒有概念。

回到家後，薇美讓兩個小毛孩習慣新環境。自己也忙著準備小狗們的小床、尿布佈置。

「以後就叫你布布。」薇美摸著吉娃娃的頭。「你的名字就是叮叮。」微笑指著已經在屋子周圍奔跑的博美狗。

一向很注重飲食的薇美，想著要如何好好照顧這兩個新到來的毛孩。已經把兩個吃飯的小碗，裝了滿滿的飼料與水。看著帶回來的乾糧，薇美心想這到底好不好吃？夠不夠營養啊？

以前她的孩子們在家時，她總是把三餐打理得非常完善。豐盛的早餐，經常讓孩子們吃不完，要再帶一袋出門繼續吃。午餐的飯盒，也是滿滿的兩大盒加一壺湯。晚上最少都有四菜一湯。餐後還有切好的一大盤水果。也常常有很多不同的手工餅乾、蛋糕。對於照顧孩子，薇美把能夠付出關愛的每一個細節，都給予了滿滿的照料。

現在孩子們不在了，原本失落找不到定位的薇美，在兩個新到來的毛孩身上，重新找到可以付出關愛的對象了。想到冰箱裡還有很多水果，薇美圍上好一陣子沒用的圍裙，開始切出一盤又一盤的水果。等到切完後，薇美突然發現，兩個毛孩其實不用那麼多的蔬果，自己笑了笑：「還以為是要給孩子們吃的，不知不覺，居然切了這麼多盤。」

接下來的日子裡，薇美用盡了心思，把兩個毛孩的飲食照顧的非常完善。碗裡從來沒有空的時候，只要看到糧食快吃完了，薇美很快就加更多進去。看著布布、叮叮吃得開心，薇美感到非常欣慰。「等一下還有水果歐，媽媽都切好了，等你們吃歐！」

轉身進入廚房，拿著已經切好的水果，回到了客廳，薇美坐在地上等著兩個毛孩前來。聞到水果香的兩隻小狗，迅速的奔向薇美，以後腳跳躍著，用小手拍著薇美，吐著舌頭、微笑著等待被餵

食水果。

「好啦！好啦！有很多水果，不用急！」將細心切好小小片的水果，餵著兩隻小狗。

「以前哥哥、姊姊們，還要媽媽一直哀求，才肯好好吃水果。還是你們乖，主動來吃媽媽的愛心。」一邊餵食著小狗，一邊跟著小狗們說著自己的心聲：「媽媽好高興你們來了，可以每天陪媽媽。每次都有乖乖吃完給你們準備的食物。」

摸著兩隻吃很飽，趴在自己腿上的小狗。「要是有人這樣照顧我就好了。」薇美淡淡的說。

在生活中，找出不同的新意，可以讓每一天增加更多色彩、樂趣。就算一個人也可以過得很好。

打開自己的心，用心去付出、給予，我們可以重新感受到心中的溫暖、幸福。

愛，也需要耐心

想要重新建立好的關係，唯有耐心與時間，可以融化過去的陰影、卸下心防，重新找到和諧相處的模式。

熱愛貓狗的王氏夫婦，前一陣子又收養了一隻流浪貓。全身黑色的小炭，個性非常剛烈，不習慣與人類相處，只要看到有人靠近，馬上會縮起身體，露出牙齒，發出「嘶嘶」的警告聲音。

剛到王家的小炭，防備心非常重，不論是有人靠近，或是餵養牠時，小炭都會是一個警戒、隨時準備攻擊的狀態。數個月過去了，都沒有稍微減緩心中的防備。平時食物都得放著，等到沒人在旁邊時，小炭才會小心翼翼的上前去食用。

習慣收養貓狗的王氏夫婦，知道要慢慢有耐心的來對待小炭，給了小炭最大的空間，慢慢習慣新的生活。平時都會定時幫小炭換上新鮮的食物與水，然後就讓貓貓覺得沒有危險時，自行開始食用。

有一日，王先生發現貓籠裡的食物，都沒有動過。悄悄的在一旁看看小炭，精神不佳的小貓，一發現王先生近距離觀察時，馬上又進入警備狀態，當王先生再往籠子靠近，想要清楚看看小炭的狀態時，小貓馬上衝上用爪子攻擊了幾次後，即刻又跳回籠子的另一端。所幸有籠子的阻隔，王先生這次沒有受傷。

憂心小炭健康狀況的王先生，馬上帶了小炭去獸醫診所就醫。在醫生仔細檢查過後，發現小炭口腔內有很多潰瘍的傷口。

「牠不吃東西，因為嘴內很痛。」醫生指著小炭的口。

「那怎麼辦？牠這麼兇，都不知道怎麼餵牠。」王先生擔心的

問。

「都得小心試試看，用湯匙餵濕的罐頭食物。」醫生建議。「牠這情況，這陣子也得每個禮拜，過來打針。」

「好的，明白。」王先生二話不說，馬上答應。

回到家後，王先生便遵循醫生的指示，在湯匙上放了一些食物，穿過貓籠嘗試餵小炭。一開始小炭都會很兇的用爪子打掉湯匙上的食物，只要食物一被小貓打掉，王先生馬上又補上新的，繼續把湯匙放進籠裡，等待小炭食用。

「怎麼辦？牠這樣一直打掉不吃，也不是辦法？」憂心的王太太問。

「沒關係，給牠時間。我就這樣一直放，等牠覺得安全時，就會開始吃了。」

就如王先生所說，過了好長時間後，小炭開始習慣湯匙進到籠子裡，上面會有食物。一開始，小炭會過去舔一舔，然後馬上跳回原本的位置。經過一段時間後，小貓發現這是安全的，便慢慢放下心中的警戒，開始食用湯匙上的食物。

就這樣，王先生非常有耐心的每週帶著小炭去診所打針，每一天也用好長的時間，慢慢餵小炭進食。漸漸的，小炭開始不再那麼防備了。看到湯匙與王先生時，也不再攻擊了。

雖然每週打針，有幫助到小炭口內的問題，但這病情沒有那麼容易醫治。一整年的時間，王先生都堅持不斷，帶小炭去打針。每次打針時，小炭都會掙扎、大叫。每天進食，也都需要很多時間，慢慢舔食湯匙上的食物，因為口腔內依舊是疼痛的。

不過這樣的互動，漸漸讓小炭真的打開了心防。見到王先生不

但不再攻擊外，現在還會主動上前撒嬌，甚至可以讓王先生抱著餵食。

　　看著懷中的小炭，已經不是一年前兇暴的小黑貓了，王先生感到非常欣慰，對著小炭說：「耐心，可以讓我們學習愛，感受到愛。」似懂非懂的小炭，聽王先生說完後，也對他眨了眨眼，繼續忍痛舔食湯匙上的食物。

過去的經驗、傷痛，都需要時間來療癒、放下。時間可以撫平很多痛，耐心也可以讓我們學習關愛的付出，慢慢的找到關係中最舒適的互動距離。真心的付出，一定可以被感受到。

用心的給予，可以讓我們也感覺到愛。

有一種美好，叫「我陪你，你陪我」

有時親愛的家人，未必能夠經常陪伴身旁。那麼就用心陪伴每天在身邊的夥伴，同樣也可以讓我們感受到幸福、被關愛。

　　年過八十的李伯，十五年前還沒退休時，每天工作超過十八小時，是個非常努力的工作狂，也成就了事業，是商場上的強人，業界無人不知。李伯的另一半，在三年前離開他了，而唯一的兒子，帶著妻兒移民到國外去，只留下一隻十五歲的馬爾濟斯陪著李伯。

　　這幾年，因為年紀大，李伯的行動能力也大受影響，走路無法行走太遠，經常走個十來步，就必須停下來歇息、喘氣一下。陪伴著李伯的麥麥，也是年紀較長的狗了，毛髮略稀疏，走路也是稍微不穩。

　　相較過去每天忙碌的李伯，自從十五年前決心退休養老後，每天的生活，主要就是早晚跟麥麥在住所樓下散步。鄰居們也經常看到拖著麥麥的李伯，兩個邁著蹣跚步伐的身影，在大樓周遭「慢步」。

　　一人一狗每次走了約十多步後，便倆倆停了下來，稍微歇息一下。平常都走在李伯一旁的麥麥，當李伯停下來時也會同時停下來，看著喘息的李伯，等待他恢復喘息、體力後，兩個再繼續下一段的「慢步」。

　　大約走個十分鐘後，李伯帶著麥麥，在街邊的座椅上休息一下。

　　「還好嗎你？」李伯關懷著麥麥，年長的狗兒，雖然不需要走十幾步就休息一下，但體力、步伐也是有影響的。

聽到李伯的關心，原本趴在地上望著遠處的麥麥，轉頭看著李伯。多年朝夕相處的默契，讓李伯馬上會意，將小狗抱了起來，放在座椅上。開心的麥麥，對李伯眨了眨眼，擺著尾巴靠在李伯的腿邊。

　　「早啊！今天也出來散步啊？」熱情的楊太太笑著打了招呼。

　　「是啊！我跟麥麥的早上活動，一定要做的。不帶牠出來，會發脾氣的歐！」

　　「你有這麼大的脾氣嗎？」楊太太看著麥麥，笑著問。

　　抬高靠在李伯腿上的頭，麥麥看了楊太太一眼，好像回覆了問題，又將頭放回李伯腿上，靜靜的在一旁陪伴。

　　李伯摸了摸麥麥的頭。「牠是老闆。以前我管幾百人，現在退休啦，就給牠一個管。」李伯有點感嘆地說：「老伴也不在了。孩子全家都在國外，現在就剩牠了。」

　　「還有我們這些街坊鄰居啊。」楊太太趕緊安慰著老人家。

　　「謝謝你們啊。很高興每天早上、傍晚都可以下來散步，看到大家，一起聊聊天。」

　　「有什麼需要，就說一聲啊，大家都相識好多年了，就像家人一樣的。」

　　「好的，好的。」李伯微笑回答，同時看著麥麥：「大家都是一家人啊。我們都好開心、好感恩對嗎？」

　　似懂非懂的小狗，張著大大的雙眼，望著李伯搖著尾巴。

　　「休息夠了嗎？要不要繼續走？我們還有好多圈沒繞呢！」李伯問著麥麥。

每天早晚，他們倆就是這樣陪伴著對方，在這社區裡一圈又一圈的散步。移民海外的孩子，偶爾才會帶著全家回來探訪。每一天陪在李伯身邊的，就是這年歲已大的狗兒了。

　　沒有忙到停不下來的生活，過著最平淡無事的日子，李伯也是用了好長的時間才適應。尤其當另一半也離開時，陪伴他孤獨一人的，就是這隻在身邊多年的狗兒，讓自己的心也有所依靠。

　　照顧麥麥每天的飲食，也是李伯現在簡單的生活作息中，最重要的事情了。

　　雖然每天都是這樣再日常不過的陪伴散步，但李伯與麥麥卻享受了最單純的幸福，簡簡單單一起同行，相互陪伴的快樂，是李伯當下最珍惜的幸福時光。

如同作家 Peter Su 的書名——《陪伴，是世上最奢
侈的禮物》，生命因為每一刻真實的相處，讓陪伴變
得寶貴而美好。珍惜每一分每一刻相聚的時光，享受
同行時的單純美好，都是生命中最難得的禮物。

07

意外的美好時光

因為了解生命的無常，我們在生命的課程裡學習，懂得關心、懂得照顧，更懂得珍惜把握在一起的時光，最後留下的，只有最好的回憶。

　　從事金融業的阿誠，每天守著電腦上的數據，配合不同國家股市開盤的時間，休息睡眠時間總是不定，有時還會在睡夢中，被客戶打來的緊急電話給叫醒，精神狀態長期處於緊繃，難以讓自己可以真正喘口氣、放鬆，體力也日漸透支。

　　剛剛過了四十歲生日，阿誠決定要給自己一個禮物——到醫院做健康檢查，好好「維修」這個長期過於疲憊的身軀。

　　除了過高的血壓外，報告裡很多指數也都不在正常標準內。聽到醫生講解時，阿誠突然感到很恐慌。他還這麼年輕，身體竟然已經出了這麼多問題！在與醫生對談後，才慢慢醒悟，原來一直以來身體已經給出很多訊息，但阿誠都以為沒什麼大事，只是一些小痠小疼，卻不知道在身體的內部，已經造成這麼大的影響。

　　由於身體機能亮了紅燈，醫生建議阿誠需要接受治療並好好休養一段時間。但是回到電腦前，阿誠看到一堆未讀取的電郵，還有螢幕上的數據，馬上又忘記醫生的交代，投入沒日沒夜的工作中。

　　直到半夜時，阿誠發現自己又在電腦前睡著了。總是在不知不覺中累趴在電腦前、就著桌面睡著的阿誠，早已習慣這樣的休息方式。突然醒來後，阿誠想起還有一堆藥沒吃，馬上起身去倒杯水，把一堆藥吞了下去。「吃一吃應該就會好了，不要想太多。」阿誠內心安慰著自己。

　　喝了幾口水後，阿誠發現怎麼一邊嘴角的水都流出來了。苦苦地取笑自己，可能還沒真的睡醒吧。就慢慢地拖著疲累的身體，躺

到床上好好再繼續睡。

隔天一早，阿誠又被手機簡訊給叫醒，看完訊息後，阿誠馬上梳洗，準備開始工作。看到鏡中的自己，突然覺得怪怪的，好像臉部哪邊不太對勁。擠眉弄眼做了一些臉部表情，阿誠驚駭地發現臉部一半的肌肉，好像不能正常運作。心中感到慌亂的阿誠，想起了醫生昨天交代的話，內心開始擔憂自己的健康狀態。

就診後，醫生再次交代阿誠非常需要休息治療，不可再繼續這樣的工作模式，身體無法再承受了。這一次真的被自己的症狀嚇到的阿誠，無法再理會做不完的工作與回不完的郵件，馬上向公司請了長假，讓自己可以在家好好休息。

請了假後，覺得沒事無聊的阿誠，突然想起在做獸醫的老朋友肯，因為工作忙碌的關係，兩人好多年都沒見面了，正好現在空閒可以去診所找他聊聊、敘敘舊。

到了診所，看到好多年沒見的老友，兩人熱情的相互擁抱了一下。雖然好久沒有好好聊天，但一見面，兩人完全沒有生疏感，過去的情誼，馬上在對話中回現。

「阿誠，這麼久沒見啦！怎麼今天有空來找我啊？」肯笑著問。

「被逼放假啦！身體不行了！」

「怎麼了？哪邊不舒服嗎？咦，你的臉怎麼怪怪的？」肯關心的問著。

「年紀到嘍，加上太過勞累，這機器出了一堆問題。」

「要不要上來？我幫你檢查一下？」肯笑指著平時看診用的桌子。

阿誠輕輕的踢了肯，用只有一半能動的臉笑著說：「你當我是貓還是狗啊？」

兩人在打鬧過程中，阿誠突然聽到喵喵聲，好像有小貓不停的在叫。但看了看整個房間，沒看到任何貓隻。

「你這有貓？怎麼好像有聽到聲音，可是看不到呢？」阿誠好奇的問。

「哦，那是早上客人留下的貓。」肯說著，開啟了診室另一道門，到後面取出了一個小盆子，裡面裝著一個非常嬌小，毛茸茸的小貓。

「哇，這麼小，是個小 baby 吧？」

「對啊，才幾個星期大，但主人不繼續養了。」

「生病很嚴重嗎？看起來很正常啊！而且好可愛歐！」

「是啊！真的是很可愛的小貓。」肯摸著盒子裡的貓寶寶，大大的雙眼，灰白相間的毛，像一個會動的小毛球。「可是有天生的缺陷，主人放棄了飼養。」

「什麼天生問題啊？無法醫治嗎？你是獸醫耶！」阿誠擺出了質疑的表情。

「獸醫也不是神仙啊！」肯小心的將小貓從盒子裡拿出來，溫柔的捧在手上給阿誠看。

「有什麼問題嗎？我看牠就是一隻正常的小貓啊。」

「看仔細一點，看看牠的後腳。」

「有問題？不就是有點怪怪的，像我現在的臉一樣而已嘛！休息一陣子就自然會好啦。」阿誠指著小貓細小彎曲的後肢。

「牠的腳，天生沒有關節，沒有辦法像正常的貓那樣跳躍、走動的。」肯摸著小貓的腳。

「那長大後，不會有變化嗎？還是說，就是以後坐輪椅啊！」

「不可能長出關節啦！」肯解說著：「如果照目前的身體狀態，還是可以照顧牠長大，但是主人知道以後照顧會很麻煩，所以在講解、討論很久後，就放棄了這隻貓貓。我們診所也就先收留了下來。」

「有點缺陷，就放棄照顧了！」阿誠憤怒的說：「不然我來照顧，反正現在我也得好好照顧我自己的健康。」

「別氣、別氣！人生本來就是很多無奈，在診所中，經常會遇到更多，無語。」肯摸著掌上的小貓。「如果你真的有時間、能力照顧，那可以將貓貓託付給你，是最好了。」

「沒問題。」看著可憐的小貓，阿誠毅然決然要帶牠回家好好照顧。「這麼可愛的小毛球，我一定好好照顧。以後就叫牠棉花吧。」

帶了棉花回家照顧的阿誠，原本沒事在家中養病，突然開始忙碌了起來。小貓寶寶肚子餓了，開始哭叫時，阿誠馬上準備帶回來的營養粉末，加上了水，在小碗裡面混合，再放進小小的針筒，溫柔的餵著飢餓的小棉花。原本大聲哭叫的棉花，當針筒裡面的食物碰到嘴時，馬上停止哭喊，大力的吃著慢慢推出來的食物。

「不用吃得那麼急，還有很多等著你吃啊。」阿誠笑著跟貓貓說。

小貓因為飢餓，只顧著大力地咬著針筒頭，希望食物趕快不停的推出來。

「這麼快就吃完一筒了。等一等我再裝來餵你」。

飢餓的小貓，卻是等不及阿誠用針筒將小碟子裡的食物吸進針筒裡，直接撲了過去，把口往小碟子裡的食物送過去，大口大口吞著黏糊的漿狀食品。

看到小貓這麼飢餓，阿誠忍不住笑了出來：「有這麼餓嗎？還是太好吃了？」

「好好好，你盡情的吃，不夠還有，也沒人跟你搶。」

狂吃了一陣子後，棉花把頭抬了起來，小小的臉蛋，沾滿了黏糊的營養漿。阿誠看到後，大聲的笑了出來。

「你變成泥漿怪貓了！」

沒理會阿誠狂笑的棉花，滿足地舔著自己的小手掌。撥了撥臉上沾黏的營養漿，繼續從掌上再舔食。

阿誠就在養病的期間，每天陪伴著棉花，幫牠餵食，讓牠慢慢長大、強壯。每日也花不少時間，幫棉花清理籠子裡的貓砂，還有沾黏在屁股、後肢的貓砂粉。因為後肢天生沒有關節，無法跳躍、行動，棉花都是靠著前肢，抓著籠子內的欄杆，幫自己移動。也因為後肢的問題，讓小貓如廁時，無法正常蹲站，容易讓排泄物與貓砂，黏到自己的身體。即使如此，阿誠每天依然耐心地照顧棉花一切的需要。

前肢都是正常的棉花，也喜歡與阿誠玩小球、逗貓棒。小小的手，速度非常快速的撥動著阿誠拿著的玩具。興奮之時，也會用前肢帶領自己跳躍。

棉花就在這樣的照顧下，漸漸長大了。雖然下肢依舊沒什麼肌肉，骨頭也是彎彎的沒有關節。但前肢的力量，卻是特別強大。牠

可以用手抓住籠子內的欄杆，帶自己跳躍上不同的高度。看到阿誠走過來時，也會在籠子內撲向阿誠，等待他打開籠門摸摸自己。棉花最開心的時候，就是當阿誠摸自己脖子了。每次阿誠幫棉花抓抓脖子時，棉花都會快樂的不停發出咕咕聲。有時阿誠覺得摸夠了，要把手伸開時，棉花還會用小手把阿誠的手拍回來，示意要繼續被抓抓脖子。

陪伴棉花成長的日子裡，因為早上需要早起餵食小貓，阿誠的作息也調成了早起早睡。配合醫生的建議、用藥，阿誠身體的狀況，也逐漸改善。半年後再次健康檢查，大多的指數也都好轉很多。身體的警訊，讓阿誠醒悟到需要認真看待身體的狀況，用心照顧自己的健康。為此，阿誠決定換工作，讓自己不再每天那麼緊張，以燃燒自己的健康，來換取較高的薪資。

從遇見棉花開始，阿誠的生活也有了轉變。因為要用心思去幫棉花設想、照顧小貓，阿誠反而對工作上的事情，沒有那麼多的計較。很多事情，也可以比較輕鬆看待，生活的重心，反而是與棉花同樂的時間。

每一天阿誠下班後，都會與棉花玩耍一陣子。即使下肢無法正常行走，棉花也可以快速的用手帶著自己在地板上彈跳、奔跑，追逐阿誠手上的逗貓棒。阿誠的屋子空間不小，棉花也是可以迅速的到處奔跑、穿梭，完全沒有受到天生缺陷的影響。唯一需要阿誠花多點時間打理的是，有時玩得太興奮奔跑時，棉花會忍不住排出排泄物。

一切如常的棉花，在一天早上還喵喵叫著，跟要去上班的阿誠道別，卻在那一個晚上，等到阿誠下班回來後，當棉花依舊馬上靠過去，希望阿誠摸摸牠時，阿誠發現有點不妥，棉花好像喘息很厲害。

阿誠馬上聯繫獸醫好友肯，準備好一切帶棉花去就診，就在要出門時，棉花沒了氣息，不再呼吸。

　　不知所措的阿誠，呆呆的望著棉花，雙眼忍不住的眼淚開始不停流下。

　　「怎麼會這樣？今天不是還好好的嗎？」

　　不敢相信的阿誠，哭了好久。看著不再呼吸的棉花，他告訴自己，也告訴棉花：「雖然我們一起的時間不是很久，但每天都很快樂，這是最重要的！」

在學會照料心愛的寶貝之前，我們要先學習好好照顧
自己、學會關愛別人。那麼在離別之後，珍惜曾經一
同相處的美好時刻，就是陪伴旅程上，最好的回憶。

誰能夠幫忙嗎？

人生中我們常常會遇到很多困難、受限制的事，只要自己全心付出，堅定信念，很多時候，自然就會出現轉機，得到幫助的。

熱愛動物，從事獸醫助護多年的智茹，每次看到貓貓狗狗受苦，都會盡力協助，不論是幫助醫生治療，或是交代主人如何照顧等等，智茹都不厭其煩的用心看待每一個到來的病患。

有一天在跟診時，診療室門口推進了一架輪椅，輪椅上坐著一位少女，手上抱著一隻病懨懨的小貓，後面推著輪椅的是一位穿著清潔制服的婦人。婦人一臉倦容，可能是剛剛結束早上的清潔工作，就帶著輪椅上的少女與小貓，直接到診所來了。

「小貓今天來看什麼呢？」醫生問。少女與婦人，未做回應。

智茹想她們可能比較害羞，再輕聲問了一次：「今天貓貓來看什麼呢？哪邊不舒服嗎？」

少女看了看智茹，轉頭望了望身後的婦人。

婦人匆忙的從袋子中拿出了一疊紙與一枝筆，馬上在紙上寫了：

「貓貓病。」然後指指自己的嘴跟耳朵，搖搖手。

智茹馬上明白，隨即在紙上也寫了：「貓貓哪不舒服？」

「不知，今天這樣。」婦人回覆在紙上。然後比了比貓貓，指了指自己，之後搖了搖頭。

「醫生檢查。」智茹寫上。

智茹將少女手上的小貓接了過來，放到診療檯上，讓醫生仔細檢查一番。

　　摸了摸小貓，聽了聽心肺，例行的檢查都做了一次。醫生大概知道情況。「嚴重。」醫生指了貓貓。「做更多檢查，確認治療。」

　　婦人馬上搖了搖手，輪椅上的少女看著婦人，眼眶泛著淚。

　　「沒錢。」婦人寫上。

　　「不治療會死。」醫生寫在紙上。

　　輪椅上的少女看到醫生的字，馬上哭了出來，眼淚不停的流。心疼少女的婦人，眼睛也紅了，咬緊雙唇，對少女比了比手勢，摸著少女的頭，抱了抱少女。

　　一旁看著的智茹，也跟著焦慮了起來，問：「醫生，怎麼辦？不治療貓貓會死，但 ....」

　　看著眼前的婦人與少女，知道她們生活辛苦，婦人一臉憔悴，應該是為了生計，剛剛才下班，還要照顧坐輪椅的少女，肯定是非常辛苦。醫生內心想著，她們這樣溝通不便，也沒有多的預算來醫治小貓，但看少女的神情，肯定非常疼愛貓貓。

　　心意一決，醫生對著她們寫：「不用擔心，費用我負責。」一時不知如何反應，少女依舊流著眼淚，婦人停頓了兩秒，馬上跪到地上感謝醫生。

　　「不用這樣，不用這樣！」獸醫馬上過去攙扶。「醫好貓貓要緊。」婦人不肯起身。

　　搶救小貓要緊，醫生交代智茹：「馬上準備驗血，照超聲波。」

　　知道小貓有得醫的智茹，馬上火力全開，協助醫生治癒小貓。

當我們用心的付出，是會被看見、感受到的，周邊的
幫助，也會自然出現。不論再大的困難，只要有心，
一定有解決的辦法。

因為堅持，看見希望

總是顧慮太多，結果什麼都不敢，什麼都不成，自己變得長吁短嘆，整天抱怨老天。你還想這樣下去嗎？全心付出與關愛，找到心中的價值，堅持你想堅持的，可以更堅定的往前行，別讓未來的自己，還在整天抱怨。

在診療室的秀秀，緊張看著不停在診療檯上全身抽搐的小狗，雙眼無助的看著醫生檢查。

「牠這樣的情況多久了？」醫生問。

「已經三天了，越來越嚴重。」秀秀擔心的回覆。「三天前帶牠回來後，牠就不停的抽搐。」

「剛剛領養的嗎？」

「是啊，我們看牠好可憐，都沒有人要照顧牠。」秀秀感嘆的說。

「你們真的很有愛心。」醫生讚嘆，繼續幫小狗做檢查。

「看牠好辛苦，不停一直這樣抽搐，而且晚上的時候，都會一直哭。」

「哭？」醫生問。

「對啊，像小 baby 那樣哭叫，應該是很痛吧。」秀秀說。

「牠確實也是小 baby，還不到六個月。」醫生說：「我們得再幫牠檢查化驗一下，有機會是病毒影響。」

「這麼嚴重？」秀秀非常擔憂。

「晚一點化驗出來，我們再通知妳，先麻煩到外面等候區。」

一旁的助護指示秀秀。

坐在等候區的秀秀，跟一同前來的珍珍坐在等候區，緊張地等著報告結果。

「會不會有事啊？牠還那麼小？」珍珍擔心的問。

「不知道，只能等了。」秀秀不安的回答：「看到牠這樣，真的好心痛。」

「不知道這樣檢查、治療下來要多少錢？」珍珍開始擔憂花費，心想小狗那麼小，要是病情真的很麻煩，治療下來應該是一筆很大的費用。

「不管了，一定要治好牠，這麼小的生命，不能就這樣沒了。」秀秀篤定地說。

「可能要很多錢呢？值得嗎？」珍珍問。

「對我來說，生命的價值，是很可貴的。我不會輕易放手的。」秀秀說：「只要還有希望，可以幫到牠，我都會努力想辦法。」

「妳真的好有愛心。」珍珍讚許。

「我的人生，已經錯失太多了，我不想之後還是這樣。」秀秀想到已經離世的家人，眼睛也開始泛淚。

「好了，報告出來了，醫生準備好跟妳們講解了。」助護打開診療室的門，邀請了秀秀與珍珍進入。

看到診療檯上的小狗，似乎鬆緩了一些，不再抽搐之外，身體也沒有繃得那麼緊了。知道秀秀進來了，小狗還微微抬高了頭，看著秀秀，眨了眨眼，似乎在告訴秀秀，牠好一些了。

「小狗確實是有病毒感染。」指著報告的醫生，開始向秀秀解

釋。

「醫生剛剛幫牠做了什麼治療嗎？小狗好像舒服一些了？沒那麼痛苦的樣子了。」秀秀好奇的問。

「剛剛在等報告時，看牠非常辛苦，不停抽搐，身體也非常緊繃，就先幫牠做了針灸。」醫生解釋。

「哇！謝謝你，醫生。」秀秀看到小狗的痛苦舒緩下來，開心的感謝。

「小狗好像真的輕鬆多了。」陪同的珍珍說。

摸著小狗的秀秀說：「是啊，真的感覺舒服很多，起碼不再抽搐了。」

醫生為秀秀解釋了小狗的病情後，交代了後續的治療與照顧。

「小狗的名字就叫小狗嗎？」看著病歷問著秀秀。

「呵呵，因為剛接回來，看到牠這樣，太緊張了。還沒幫牠取名字。」秀秀不好意思的說。

「現在牠好一些了，繼續治療後，就可以好好跟妳玩了。」珍珍說。

「是啊，希望牠可以趕快好。」秀秀說：「對了，就叫你希望吧。」摸著小狗的身子。

看著躺在診療檯上的希望，秀秀對著牠說：「我不放手，你也不放棄！希望，你可以快點康復，健健康康。」

醫生微笑說：「好，那就照我們剛剛說明的方式，回家照顧牠，過幾天後再帶牠過來吧。」

當我們真心付出時，經常可以獲得意想不到的收穫，而我們的人生，也可以無悔。

很多事情的選擇，其實是我們內心價值的衡量。當我們可以確認內心想法、感受時，我們也可以更有勇氣去投入抉擇之中，不再因為太多的顧慮，讓自己憂心、害怕。

找出心中最重要的中心，我們會很清楚人生所追求的、想付出的是什麼。

10

我們真的不能在一起嗎？

不是每次的相遇，都可以天長地久。不要只想到自己的傷痕，也看看對方的傷痛，為雙方的情況找到最合適的解決方法，讓美麗的道別，成為永留心間的美好。

念中學的小海，知道媽媽將為自己帶來一個新的夥伴，那天下課後，特別興奮，一路奔跑回家。

一進家門，便看到三個月不到的淺棕色柴犬，坐在門口搖著尾巴，對著自己微笑。小海開心的將「貝貝」抱到懷裡。貝貝也不停地舔著小海的臉。

從那個下午，小海只要在家的時候，便與貝貝形影不離。兩個一起吃飯、看書、做功課。滑手機時，貝貝也會倚在小海的身邊，靜靜的陪著小海。睡覺時，貝貝也將自己捲起來，窩在小海的被子裡。

他們的相處，是那麼的融洽、開心。小海很快就把貝貝放在內心最重要的地方。滿滿的愛，每一天都與貝貝共度。

有一天，貝貝需要打預防針的時間到了，媽媽與小海帶著貝貝到了診所。緊張的貝貝，雖然是第一次到診所，卻也不由自主地開始顫抖。小海溫柔的安慰著貝貝：「沒事的，我們來打針，一下就回家了」、「不用怕，我一直在你身邊的」。望著抱著自己的小海，貝貝好像聽懂小海的話，感到比較安定。

進到診間，醫生開始幫貝貝做一些檢查。小海依舊安撫著貝貝：「很快就結束啦。」等待醫生檢查完貝貝，打針後就可以離開了。當醫生與媽媽了解貝貝這陣子的生活飲食狀態後，檢查了身體不同的部位，覺得沒問題，準備要幫貝貝打針時，突然停下了打針的準備。

醫生的眼角，彷彿看到了什麼。原本大家還有說有笑，突然間醫生遲疑的眼神，讓小海感到不安。

仔細的再摸摸貝貝後，醫生拿出了手電筒，特別再照一照。然後收起了笑容，用嚴肅的眼神問了媽媽，貝貝的生母與來處。

小海一時無法反應過來，怎麼剛剛大家有說有笑的，醫生突然變得這麼嚴肅了？聽著媽媽告知醫生貝貝的生母來處，醫生委婉地告訴媽媽，診治過不少同樣出身的小狗，有時有些幼犬會有天生的缺憾。而貝貝，也是在生理結構上天生不正常，會影響到將來的健康與正常生活。

小海聽了醫生與媽媽的對話，雖然無法完全明白醫學上的討論，但是心中開始難過，為什麼這樣的事情，會發生在最心愛的貝貝身上。抱著希望的小海，直接問了醫生：「這是不是長大後，做手術就可以好了呢？」

醫生回覆小海：「這不是簡單手術就可以矯正的，後續也會有很多複雜的變化，將需要很大的金錢與精力來照顧。」

淚水馬上一滴一滴流下小海的雙眼，紅著雙眼流著淚的小海看著媽媽：「我們一定要救貝貝！」

小海將貝貝抱回懷裡，不停的跟貝貝說：「我會照顧你的，不論如何，我都會照顧你。」

憂慮的媽媽，看著害怕擔憂的小海，腦中思考著家裡的經濟是否可以支付以後的開銷？照顧貝貝需要的時間、精力付出有沒有辦法應付得來？不忍心看到小海這麼傷心，但貝貝的護理問題，又是這麼的棘手。諸多的實際層面問題，讓媽媽陷入深思。

媽媽請小海先帶著貝貝到等候室，自己再與醫生商討，看看是否還有其他轉機。

回到等候室的小海，不停的流著淚，抱著貝貝哭泣。不太清楚發生什麼事情的貝貝，用純真的雙眼看著小海，舔著不停流下雙頰的眼淚。

傷心、難過的事情，很難一時讓自己馬上接受。給自己多一點時間，找到一個對大家都好的選擇。

人生中無可奈何的境遇，常常讓我們不能順心如意。為對方、為自己，做出一個最合適的決定，不留遺憾悔恨，是給自己與對方最好的祝福。

11

好開心，能與你相遇

轉變心態，可以讓我們找回生活的動力。走到過不去的關卡時，努力去轉換那種「被卡住」的感覺，下一刻，你會有海闊天空的舒暢。

　　到流浪動物收容所幫忙的雅惠，動作熟練的幫著毛孩們餵食、清潔，連生病需要吃藥的小狗，雅惠都能輕鬆餵食，一點都沒有困難。看在其他偶爾來幫忙的義工眼中，大家都以爲雅惠應該是這邊的長期義工，所以能夠這麼熟練。

　　「雅惠，妳在這邊幫忙很久了嗎？」上次來幫忙時認識的義工心儀問。

　　「我上個月才來幫忙的。」

　　「上個月？那妳怎麼都這麼熟練？之前有在其他地方幫忙？還是妳是醫護人員？」心儀好奇地問。

　　「都不是耶。這是我第一個幫忙的收容所。」雅惠回答。「我平時是在郵局上班的。」

　　「那妳怎麼連餵藥都那麼順手？」心儀越來越好奇。

　　「那是因爲之前我每天都要餵我家醬油吃藥。」

　　「你家醬油？」

　　「對，之前我有一隻黑色的小狗，因爲毛都黑黑的，我就叫牠醬油。」雅惠解釋。

　　「那牠現在呢？在家嗎？」心儀問。

　　「沒有，牠離開了，已經不在了。」

「對不起，我不是有意的。」心儀突然很不好意思，覺得自己怎麼這麼大意碰觸了雅惠的傷痛。

「沒關係的，不用在意。我 OK 的。」雅惠知道心儀的尷尬。「牠們都是這樣的，來了一陣子，就會離開的。」

「什麼意思？」心儀一時無法會意雅惠所指的意思。

「我意思是，毛孩們都會在我們生命的一個特別的時候，進入到我們的生活中，陪伴我們一段時間，然後時間到了，牠們就離開了。」

「歐......」心儀似懂非懂。

「醬油，就是在我人生最低潮的時候，一切都不順利的那陣子，讓我遇到了，然後我們就開始了一段有對方相伴的日子。」雅惠望著遠處，說著過去的故事：「一開始是很辛苦的，因爲我沒養過狗，所以花了好一段時間跟牠磨合。後來的日子是很開心的，每天早上、晚上，都一定要跟牠在一起。」

「你們都一起做什麼？」沒有眞的養過狗的心儀，開始再好奇發問。

「我們一起吃飯、看電視、睡覺。偶爾出去走走。其實就是簡單的生活，但因爲有了牠，感覺就很不一樣。」雅惠露出幸福的微笑。

「那後來呢？」心儀忍不住想知道接下來的故事。

「後來，牠年紀大了，開始有很多病痛。腎也出了問題，都要餵牠吃很多藥。」

「難怪妳剛剛餵藥那麼順手。」心儀說。

「對啊，一開始餵牠吃藥，真的是個挑戰。牠很可愛，但是就是不肯吃藥。而且很頑皮，一開始我還不太懂的時候，以為已經餵了牠，原來牠把藥推到牙齒的旁邊，之後再偷偷吐出來。」雅惠眼神充滿溫馨，回想著過去的生活。

「雖然那個時候每天餵牠吃藥都是個小戰鬥。但是，那也是我們一起生活的一部分，現在回想起來，都會覺得好甜蜜。」雅惠繼續說。

「甜蜜？戰鬥會甜蜜？」心儀不解。

「是啊，當下可能會生氣，覺得牠不配合。但現在回想起來，都覺得有牠真好，讓我有了一段不同的人生。」雅惠再次露出幸福的微笑。

「所以牠後來就生病走了？」心儀大膽的再碰觸這個話題。

「是啊，到最後牠的身體真的不行了，醫生也說沒辦法了。」

「那妳那時候 OK 嗎？」心儀的好奇心讓她無法不問。

「那個時候其實我很掙扎，我真的是放不下牠。但看著牠一天比一天憔悴，一天比一天痛苦。我的心也是很煎熬。」

「所以不想放手，還是得放手？」心儀默默地說。

「沒錯啊。生命就是這樣，一定的時間、循環。不是我們想不想放手，而是這過程就是這個樣子。」雅惠感嘆的說。

「過程就是這個樣子？」沒有經歷過死別的心儀，不太懂雅惠的意思。

「沒有遇過，會比較難體驗。這樣說好了，就像日出、日落，每天都是會有的，只是我們用什麼樣的心情來看待這個自然的循

環。」雅惠解釋。

「我好像有點懂。」半知半解的心儀說道。

「因為有這個體驗，我更懂得珍惜醬油曾經的陪伴。」雅惠拿出手機裡醬油的照片：「妳看，牠很可愛吧？」

親了一下手機上的照片，雅惠對著醬油說：「好開心，能與你相遇。」

了解生命的過程，我們可以用較舒適的心態，來看待寶貝的離開。當我們釋放心中的情緒，可以讓自己開始轉變心態看待周遭的事物。人生中，經常會遇到挫折、挑戰，有時面對的難題，會讓我們內在非常難受。但當我們可以轉化內心的想法時，很多原本卡住自己的困境，都會慢慢消散。

part2
給毛孩的照顧

照顧寶貝的過程中，
當遇上教養、生病、照顧等等問題，
用心找尋和嘗試，
找到改善的方法。

我很愛你，可以不要再這樣了嗎？

遇上難題，可能我們無法及時找到解決方案。給自己多一點耐心，也給對方多一點時間，
我們都會找到最合適的方式，共同度過這個關卡。

　　小傑終於在二十七歲生日後獨立，在外租了一個小套房，離開
與父母同居的屋子。從小就想養狗的小傑，因為媽媽對貓狗敏感，
一直不能在家飼養毛孩。

　　在這新住所，小傑用心打造自己夢想的小窩，準備新夥伴的到
來。沒養過貓狗的小傑，擔心冬天毛孩會冷，也在冰涼的地板上，
鋪上了地毯。

　　迎接「餅乾」回來的第一天，小傑小心翼翼地懷抱著只有三個
月大的吉娃娃，輕輕走回自己的屋子。擔心太大的聲響，會嚇到新
來的小夥伴。剛到新家的餅乾，完全沒有陌生害怕的感覺，很快地
就在這新環境畫下了記號──尿在小傑新鋪好的地毯上，之後開心
的用黑碌碌的雙眼、一張可愛的小臉，望著主人小傑。

　　早已做足功課的小傑，拿著尿片吸著地毯上的尿，然後跟餅乾
說：「以後得尿在這上面歐！」餅乾看看小傑，沒幾秒，又開始跑
到房間的另一邊，望著小傑，半曲著小身體，開始牠在新家的第一
次排便。

　　剛剛才跟餅乾說完要在哪裡大小便的小傑，看著餅乾，無奈地
跟自己說：「慢慢來，你可以學會的。」、「要有耐心、愛心！」
想不到這也是小傑惡夢的開端。

　　接下來的每個早晨，餅乾一見到小傑張開雙眼，便開心的在房
間裡衝刺、奔跑，等待著小傑準備牠的早餐。

開心的吃完早餐後，餅乾就開始了跟小傑的「遊戲」。小傑一開始很有耐心地等待著，讓餅乾在尿布上完成牠的大小便。可是不管時間等候多久，餅乾只會在尿布上跳躍、或是直接趴在上面睡覺。等到小傑轉過頭、或是去做其他事情時，餅乾馬上跑到地毯上其他地方大小便。同樣的戲碼，在早晨都是這樣上演，讓小傑覺得很無奈，不知道如何是好。

漸漸的，小傑開始失去了耐性，不再有那麼多時間等待餅乾餐後排便。每天就是在房間的各處找到餅乾的小尿與便便。溫馨的小房間，也開始瀰漫著其他味道。

出門上班時，小傑不忍心讓餅乾整天關在籠子裡，便把整個房間的空間都讓餅乾自由活動。

但這樣的自由，也給小傑每天回到家時滿滿的「驚喜」。每一天晚上，當小傑回到家時，總是在最意想不到的地方，看到餅乾的「最新作品」。而當小傑放大聲量，指責餅乾時，餅乾便會躲到床底下，得意地擺著尾巴，看著小傑一個人在那裡大聲吼。

小傑用盡了各種辦法，想要訓練餅乾好好的尿在尿布上。但過了數個月，都未能成功。有時真的氣了起來，捉住餅乾，拿著紙筒準備敲敲餅乾的屁股。餅乾卻在那時候，直接往小傑身上小便，氣得小傑欲哭無淚。

百般無奈的小傑，只好讓自己習慣了每天找出餅乾最新的「犯罪」位置，自己用不同的清潔方式，整理房間的環境。

不論是引導、鼓勵、獎賞、責罵、懲罰，小傑都無法讓餅乾好好的在鋪好的尿布上面大小便。而就在那一個特別忙碌的晚上，小傑準備著隔天到公司要報告的文件，一本本印製好的文件，居然在不同的角上出現被咬過的小牙齒印。

這關乎小傑是否能升遷的會議準備，居然被餅乾給破壞了。憤怒的小傑，大罵著餅乾。知道做錯事的餅乾，又躲到床底下，默默地看著小傑一個人在那怒吼。

　　當小傑平歇之後，餅乾悄悄的走到了那堆文件上，尿濕了整疊文件。

　　聽到水滴聲的小傑，轉頭看到餅乾的惡作劇，沙啞的吼叫著：「我很愛你，可以不要再這樣了嗎？」

相處磨合的過程，經常是充滿挑戰、困難的，持續嘗
試不同方式，在這一次又一次的過程裡，總會讓我們
找到解決方式。

當「被討厭」時

當「被討厭」的主角是自己時，怎麼重新找到和他人的和諧共處？用心去找到真正的問題點，以誠懇的態度解決問題。當新的平衡出現時，大家也可以重新找到互動的方式。

灰豹，是個還不到一歲，灰白相間紋路的公貓。真如其名，灰豹好像叢林裡的獵豹，而不是被飼養的家貓。每天把主人佳佳的佳處，當成自己遊戲狩獵的場所。讓家裡的每一個成員，增添不少傷口。

躲在高處，條然從上躍下，或咬、或抓眼中的「獵物」，是灰豹最喜愛的遊戲。每次佳佳、或是同住的媽媽與弟弟，被灰豹咬傷、抓傷時的大叫，是讓貓貓最興奮的時候。看到獵物們的哀號，是灰豹最得意的時刻。

家裡的每個人，幾乎天天都有新的傷口。疼愛灰豹的佳佳，都跟其他家人說：「牠還小，長大就乖了。」

但這玩耍攻擊的情況，只有隨著貓貓的長大，越演越烈。媽媽建議把灰豹關在籠裡，這樣大家可以不要受傷。但心愛灰豹的佳佳萬萬不肯，說這樣貓貓會很不開心，長期行動被限制，也會有心中的陰影。

雖然佳佳都跟家人說，她有教灰豹，要乖乖的，不能咬、抓其他人。但都未見成效，幾乎每一個來拜訪的客人，也都會掛彩離開。

「牠還小，以後就不會了，不好意思。」佳佳總是幫灰豹道歉。

弟弟也不知道如何面對姊姊的愛貓，唯有選擇避免與灰豹在同一個空間，經常躲在自己的房間，打著自己的遊戲與滑手機。疼愛女兒的媽媽，也是無奈的盡量忍耐、包容。

活潑的灰豹，耳朵容易累積耳垢，需要經常清理，避免累積過多而發炎。之前因為耳朵發炎，還得就診治療。佳佳非常用心照顧貓貓，細心地把每一個環節做好。但經常需要抓住灰豹來清理耳垢是一個非常大的工程，因為貓貓非常不喜歡被碰觸耳朵。這就成了佳佳每個星期需要與灰豹的抗爭戰鬥了。每一次佳佳都得用好吃的零食，引誘灰豹到來。然後再抱著貓貓，讓牠能夠待在原處幾分鐘，進行清理的動作。而最困難的是，要溫柔又有力的按住灰豹的頭，不然被牠咬傷，又要盡快的用棉花清理耳內的污垢。這是非常艱難的挑戰，因為灰豹非常有力，一不小心，絕對會被咬到。

清理的過程，佳佳都非常用心，跟灰豹說：「我們很快就好了，稍微忍一下，不會痛的。」

抗拒的灰豹，只要是被按制住，無法自由動彈時，都會發出「嘶嘶」的吼叫，然後大聲叫吼與掙扎。

雖然是短短幾分鐘的過程，卻是每次佳佳與灰豹的天人交戰。每一次清潔後，佳佳的手上都會多了好幾道抓痕與被咬的傷口。非常疼愛灰豹的佳佳，不希望每次都這樣拉扯，造成貓貓不舒適、也不開心外，自己也常常弄得遍體鱗傷。縱使朋友也分享很多保護主人，避免被貓貓咬傷的方法，但佳佳都於心不忍，覺得只能徒手用最溫柔的方式，來呵護心中的寶貝。

相處不到一年的時間，家人都開始避開灰豹，害怕隨時會受傷。而佳佳也經常因為護短，在貓貓抓傷家人後，還要幫忙解釋，而與家人多了很多紛爭。

身心俱疲的佳佳，經常在大家都沉睡時，抱著灰豹哭訴：「到底怎麼樣，你才可以好好的、乖乖的，不要再這樣亂咬人、亂抓人？」聽完後，灰豹都是眨了眨眼，跳出佳佳懷抱，到一旁伸了伸懶腰，打個大呵欠，然後走到自己的被窩，捲起身子睡覺。

面對不斷重覆出現的老問題，常會讓人厭倦，這時應該思考的是，是否沒有對症下藥、沒有用對方法去處理？

當寵物在生活中影響到大家的底線，那麼畫出界線，嘗試為自己與對方，找到新的互動距離、空間，不讓過分的寵愛變成相處的負擔。

照顧，有那麼難嗎？

事情發生時，先去找出最合適的解決方法。不要讓過多的情緒，影響了自己，也阻礙了讓情況改善的機會。

三十歲生日那天，男友給祐子安排了特別的生日派對，請了共同的朋友，到家裡熱熱鬧鬧的歡樂慶祝一番。唱完生日快樂歌時，男友等祐子許完願，吹了蠟燭之後，端出了一個禮物給她。興奮不已的祐子猜不出裡面裝了什麼，但隱約感覺到盒子好像會晃動。忍不住再猜估，馬上拆開了盒子，發現裡面坐著一隻小小黑色的貴賓狗。

一直以來，只要約會時看到貴賓狗的祐子，都會跟男友撒嬌：「好可愛歐！我也好想要有一隻。」

「妳都無法好好照顧自己了，還要照顧小狗？」

「我可以的！我要！」

「妳想清楚啊！可是要餵養、照顧的耶。」

「我可以！要是我沒空，還有你啊！」祐子撒嬌的對著男友笑。

「真拿妳沒辦法！」

就在生日那天，小鑽石——祐子為小狗取的名字，加入了祐子的生活。小鑽石非常乖巧，一到來很快就學會到尿布大小便，不需要祐子太多的訓練。經常把頭擱在祐子腿上，靜靜的望著她。即使主人偶爾忘了餵食，小鑽石也不會太多抗議，就是等候下一餐到來時再進食。照顧小狗這件事之於祐子，簡直輕鬆太多了。也因為如此，祐子也沒花太多精神打理小鑽石，覺得牠就是會自己都好好的。

有一天，天晴來到祐子家與小狗玩。愛狗又細心的天晴，看到小鑽石一身捲黑的毛，因為疏於打理，好像都黏在一起。有耐心的天晴，輕輕地用小梳子幫小鑽石把打結的毛，慢慢梳開。

　　「唉！這一球怎麼都黏在一起，這麼難梳啊？」天晴問祐子。

　　「可能口水黏住了吧？小鑽石很愛舔那邊！」祐子不在意地回答。

　　「已經黏成一大坨了耶！沒辦法梳開，可能要剃掉。」

　　「不會吧？有這麼嚴重？」祐子用手輕輕扯了扯捲成一坨的毛。「真的耶！怎麼還黏黏的？」她又輕輕的拉一拉。

　　「啊！祐子。」天晴驚訝地叫出來：「妳拉傷牠了，好像流血了！」

　　「不可能啊！我很輕耶！」祐子緊張地放下手上黏成一坨的毛球。仔細再看看周圍的皮膚：「好像真的有點紅紅的耶！」

　　「我們帶牠去看醫生吧！」天晴建議祐子。

　　「不用啦！應該過幾天就會好了，可能剛剛我扯得有點大力。」祐子不是很願意的回應：「先不要弄牠了啦！給牠休息，應該就會自己好了。」

　　「歐！好吧！」天晴還是很掛心小狗的傷口。

　　過了幾天，天晴還是不放心的上來探望小狗。

　　「牠有好一點嗎？」天晴擔心的問。

　　「應該有吧。也沒聽到牠有不舒服的叫聲。」祐子不是太在意的回覆。

　　「來，我幫妳看看。」天晴抱起了小狗，看看前幾天發現黏結一起的毛團。「唉！不是耶，下面的傷口更大了。」天晴緊張的說：

「我們還是快點帶牠去看醫生吧，這傷口有點大！」

　　祐子心不甘情不願，關掉電視正在播映的戲劇：「好啦！不然帶牠去看看，醫生應該也是會跟妳說沒事的！」

　　到了診所，在醫生仔細檢查後，問了小狗主人：「這傷口有多久了？滿嚴重的耶，怎麼今天才帶來呢？」

　　原本以為沒什麼大事的祐子，突然感到心虛，緊張的回覆：「啊⋯⋯其實也不是很嚴重吧？就是毛捲在一起，可能剛好拉扯到，就有點受傷。」

　　「這傷口不小，而且看這情況，應該也有一段時間了。」醫生指著已經紅紅的傷口，覆蓋了小狗腿上的一大塊範圍。

　　「之前看到，沒這麼大啊！」祐子越來越緊張：「肯定是帶去洗澡的時候被弄傷的。我們那天看，才一點點紅紅的！」祐子開始為自己辯解。

「我們剛剛清理黏住結成一團的毛後，就發現其實這傷口已經是很大了，只是被髒黏的毛蓋住而已。」醫生嚴肅的解釋。「照顧小狗，其實不只是只有餵食，還得經常觀察牠們飲食、排泄、作息、毛、皮膚狀態。這些都是身為一個主人，需要去注意的。」

「我都有餵牠啊！平常牠也都是乖乖的陪我滑手機、看電視。怎麼會好好的有傷口？」祐子愧疚的說。

「小狗的表達，不一定每個主人都可以收到訊息。所以更要細心觀察每一個小細節。」醫生再次強調。

「對啊！像我幫牠梳毛，就馬上發現了。」天晴忍不住出聲。

「不就是照顧小狗而已，有那麼難、那麼複雜嗎？又不是小嬰兒！」祐子不服氣的唸著。

「照顧小狗跟小朋友，其實很像，是需要很用心在每個細節的！牠們是生命，不是玩具。」醫生提醒祐子。

不是每個人都是天生的照顧者，照顧，也是需要學習的。讓自己嘗試去聆聽、感受，學習成為一個懂得照顧寶貝與自己的人。

學習去感受自己的需要，我們也才能更懂得去付出、照料。

04

我沒有一時一刻不想你

當我們自以為付出了滿滿的愛，對方或許未必能夠全盤接受。愛別人的同時，別忘了要更愛自己。在把愛給出去時，也給自己一樣多的愛吧。

蓓兒從小就喜歡貓貓狗狗，前一陣子與同住的弟弟一起領養了花花——金黃色的小貓，有一雙大大的眼睛，蓓兒一見到就覺得非帶牠回去不可。三個月不到的花花，可愛呆萌的雙眼下，其實是個性比較強的小貓，不喜歡被抱著、或是太多的觸碰。每一次蓓兒或是弟弟抱著牠超過五秒，花花就會開始嘗試掙脫，如果姐弟倆都太過熱情，不願放手，花花便會用爪子或牙齒，幫助自己掙脫懷抱。但心愛小貓的蓓兒，即使被花花抓傷了手臂，或是咬傷了手，不到非常痛都不願放手，只因為太喜歡花花了。

蓓兒對花花的照顧，可說是無微不至的。從早餐的準備，到晚餐的烹煮，蓓兒總是準備不同的樣式、口味，只希望花花可以吃得開心、滿足。花花的飲水，蓓兒也都確保水質是最好的，飲水器是乾淨的，才能安心給花花飲用。每天出門前，一定把食物、水準備好，連花花的玩具也擺好，蓓兒才能安心出門。

家中也在不同的角落裝上了監視器，讓蓓兒在外出或是上班時，隨時可以看到花花的一舉一動——「是在睡覺呢？還是乖乖吃飯呢？有沒有好好喝水啊？」蓓兒每隔一陣子，就得從監控影像上，關心獨自在家的花花。即使與男友出外約會時，蓓兒也經常中斷對談，由監視影像中，找尋花花的蹤跡。這樣的關愛，也讓兩人的關係經常產生摩擦、口角。雖然知道兩人的時間都很寶貴，每天也跟花花朝夕相見，但蓓兒無法克制不去了解花花的情況。尤其當男友與自己有較親密的對談、互動時，蓓兒更會以要關心花花的理由，暫停兩人間的浪漫。

每天回到家，一打開家門，蓓兒都會很心急、喜悅的呼喚著花花，期望花花可以馬上出現在她眼前。然而喜好自由的花花，未必會每一次都出現，有時會在自己的小窩裡睡覺，有時躲了起來等蓓兒來找牠，更多時候，花花只顧著玩自己的玩具，完全沒有理會蓓兒的叫喚。

　　見到花花時，蓓兒一定會去抱起花花進到自己懷裡，整天的掛念，讓蓓兒每次都將花花抱得緊緊的，然後狂親花花。一開始，花花還會讓蓓兒將自己抱起、親吻。但日子久了，越來越大的花花，更喜歡自由獨立，不喜愛蓓兒這樣的親熱方式。從一開始的輕推、微微發出聲響，到後來變成大力掙脫、甚至揮出了爪子，抓開蓓兒的雙臂，然後再發出不悅的聲音抗議。幾乎每一天，蓓兒一回到家，與花花互動後，手上、或是身體其他地方，都會有新的傷口。縱使每天都有一道以上的新傷痕，蓓兒還是覺得無所謂，她經常對著花花說：「不論你怎麼做，我都是最愛你的！」

　　「我相信你不是故意的！」

　　「沒關係，這些小傷口，媽媽不痛的！」

　　「是媽媽的錯，媽媽抱你太大力了！」雖然嘴裡經常這樣說，但蓓兒還是堅持每天的擁抱與親吻。

　　漸漸的，花花會在有人開門時停下來，確認是否是蓓兒回來。然後迅速的跑到沙發下面、或者是櫃子底下躲起來。蓓兒的熱情，已經讓花花躲起來避開，不想要有太多的擁抱、親吻。

　　「你好頑皮歐！每天都這樣跟媽媽玩躲貓貓。」

　　「快點出來吧！小寶貝，媽媽準備好你最喜歡的食物嘍。」知道花花躲起來的蓓兒，會去打開花花最愛的罐頭、或是零食，引誘貓貓出來，然後擁抱牠。

受不了食物香氣的花花，也經常因爲美食當前，就投降出來與蓓兒短暫的擁抱。數秒後，又再用力掙脫，跳到食物前享受最愛的美食。

每天看著吃得很開心的花花，蓓兒都會提醒牠：「我沒有一時一刻不想你。媽媽眞的好愛你！」

愛的適當距離是多少？相信這是因人而異，沒有正確答案。表達愛的方式，絕對不是緊緊抱著不放，就叫愛。只要是有愛的付出，對方一定能真切感受到。

努力去找到雙方之間「有點黏又不太黏」的舒適距離吧，才可以讓相處更融洽。

愛的營養學

總是怕愛得不夠，不斷付出，直到對方快被愛淹沒 …… 學習掌握愛的恰到好處，有界限的付出，可以讓照顧陪伴的過程是均衡的、營養充足的，支持我們的愛，將走得更長更遠。

在銀行上班的安娜，每天除了上班之外，大多數的時間都是陪著家裡的五隻貓。每一隻貓，都在安娜的用心照顧之下，長得圓圓胖胖的。總是擔心貓兒們吃得不夠的安娜，除了會自己煮正餐給貓貓們吃之外，還會有乾糧、罐頭糧、與各式各樣的貓零食。只要到了安娜家的貓，沒有一隻不會很快就變得圓滾滾的。

喜歡吃泡芙的安娜，也把自己的貓取名：大泡芙、中泡芙、小泡芙、小小泡芙、新泡芙。全部貓的名字都有泡芙兩個字，因為這樣才是安娜的最愛，她經常跟朋友們解釋。

每次與朋友的聚會，只要拿出手機裡貓兒的照片，朋友們都會不停地稱讚安娜養的貓：「好可愛歐。」「好像玩具公仔啊！」「全部都圓圓的，太可愛了。」這些稱讚，也鼓勵了安娜讓貓兒們享受更多美食。

前一陣子，安娜帶了貓兒們去獸醫診所打針、做身體檢查。進到診療室後，安娜費力的將貓袋放上診療檯。

「哇！貓貓好像很重歐？」熟識的獸醫笑著問。

「還好啦！」喘息中的安娜勉強回答。

助護把貓從袋子裡拿出來時，也顯得非常吃力。放上磅秤後，看到重量，安娜自己也嚇了一跳：「怎麼突然變得這麼重？」

「是不是妳餵太多了？」醫生質問。

「沒有啊。就跟平常一樣啊。」永遠不覺得自己餵多的安娜回答。

「我先檢查一下，可能需要驗個血，看看血糖有沒有問題。」醫生交代。

經過一番檢查，五隻貓兒都是過重，也都做了驗血檢查。報告出來後，醫生看著安娜：「真的餵太多了，妳看，五隻貓，三隻血糖都有問題了。」指著報告上的數字。

「要開始減肥，改變飲食了。」醫生交代。

「怎麼會這樣？少吃一點零食就可以了吧？」安娜尚未接受報告的結果。

「零食一定要少給，正餐的份量也要控制，還有食物要做一些選擇。」醫生給了安娜一份減肥飲食參考單。

「如果貓貓不愛吃怎麼辦？」看著單子上的食物，安娜想自己也不太喜歡這樣的飲食。

「減肥就是需要嚴格的飲食控制，才有辦法做到。而且血糖問題，也是需要非常嚴格把關。」醫生解釋。

「好吧！那我調整一下。」安娜不太甘願地回答。

回到等候區等待的安娜，不經意的打開貓袋，餵食著每一隻貓兒零食：「辛苦你們了！來診所一定很緊張吧？等一下回家再給你們吃好吃的。」

這時醫生突然走了出來：「剛剛不是才說好要控制飲食的嗎？」

「對歐！」安娜突然想起醫生的交代。已經太習慣經常餵食零食，一時忘記了醫生才交代過的事情。

「要記得啊！對貓貓們的健康，很重要！」醫生再交代。

「你看，被罵了。」安娜對著貓兒們說。「但，我真的忍不住，不給你們吃……」小小聲的對著貓袋裡的貓貓們低語。

有時我們因為想要給愛，會太用力、沒限制的付出。
也往往擔心付出不夠，對方感受不到我們的關愛。

提醒自己，真心的付出，一定會被感受到的。別讓一
昧的過度給予，讓整個照料的過程失衡。

相遇，就是有緣，我們不離不棄

配合專業的治療，合適的照顧方式，寶貝和我們都可以找回健康的身體與生活。

經常到動物收容所做義工的芸慈，只要有時間，都會去收容所幫忙照顧還未找到新住處的狗兒。充滿愛心的芸慈，還特別帶了五、六隻特別需要照顧的狗，回到家裡給予特別的照料，也定期帶牠們到獸醫診所接受醫療。

有一天，到了收容所時，看到一群嗷嗷待哺的小狗，與病懨懨的狗媽媽。小狗們在媽媽身邊鑽動，尋找奶水。但營養不足的狗媽媽，身體乾瘦，根本無法有更多的奶水來餵這些飢餓的狗寶寶了。

芸慈見了，當下就請朋友幫忙，叫車來帶著狗媽媽與這群小狗回家照顧。心想再這樣下去，狗媽媽的身體，是無法負擔這些狗寶寶的需要。沒想到的是，沒過多久，當車子來到的同時，狗媽媽也支撐不了，離開了這世界，留下了七隻狗寶寶。

心痛不已的芸慈，帶了這七隻狗寶寶回家照顧，心知如果留在收容所，無法有足夠的資源可以好好照顧牠們。雖然家裡已經有很多毛孩需要芸慈照料，但看見小寶寶們失去了媽媽，也可能沒有人可以好好餵養牠們，芸慈毅然決然把牠們都一起帶回家。

餵養一群飢餓的寶寶是非常不容易的。每一隻小狗都需要餵養，所用的時間是非常多的。初期在收容所的環境、營養，也比較不足。這群狗寶寶，需要多很多的營養補充。

回家後，芸慈用心調製的餵養的奶品，加上了營養的補充品，希望這些小狗們都可以好好長大。看著牠們一天一天的成長，芸慈心感欣慰。細心的幫每一隻吃飽的小狗們，擦擦嘴、抹抹臉，是芸慈每一次餵養後的工作。

照顧了幾天後，有一兩隻小狗的食慾突然變差了，不太進食了。發現這狀況後，芸慈非常緊張，馬上聯繫經常去的獸醫診所，希望盡快可以醫治這兩隻狗寶寶。

到了診所後，醫護人員看到兩隻狗寶寶精神不濟的模樣，非常擔心。詢問過芸慈後，知曉狗兒們是從收容所帶回來的，更加擔心有被其他狗隻感染的機會。心細的芸慈，看到等候區許多等待的主人與貓狗，害怕這兩隻狗寶寶已帶感染源，便一個人獨自抱著兩隻狗寶寶在診所外等候，不願見到其他等候的病患，再次被感染。

等候許久的芸慈，非常開心在百忙之中的醫生，還可以盡快安排看診的時間。心慌地抱著兩隻小狗進到診療室，希望狗寶寶們沒有太嚴重的狀況，能夠盡快復原。

見到醫生時，芸慈緊張的詢問：「醫生，牠們還好嗎？嚴不嚴重？突然就不吃東西了！」

在一番仔細檢查後，醫生回覆了：「我們會再做更多的檢驗，確保沒有其他感染。一會將先開一些藥，回家給牠們服用。」

醫生說完後，摸了摸較小的土色狗寶寶，指著小狗迷濛的雙眼：「眼睛也受到影響了，開始有點潰爛了。」

看著醫生指著的眼珠，芸慈也見到了小狗的情況，內心感到非常擔憂。

「有得醫嗎？我們盡量醫好嗎？」

「不要太緊張，我先開藥給牠，先觀察一兩天。」醫生答覆。「就只帶回了這兩隻狗寶寶嗎？」

「其實還有五隻一起的兄弟姐妹。」

「啊呀！那得全部檢查，確保都沒事。不要回去又相互感染

了！」

「對對對！不要再相互感染了。我馬上回去帶牠們過來！」芸慈開始緊張其他狗寶寶的狀況。盡快趕回家後，芸慈隔離了其他的狗，便馬上帶了其他五隻小狗們，回到了診所，仔細確診。

「醫生，牠們都還好嗎？」

「檢驗後，沒有太大的問題。都先吃藥，之後就會慢慢康復了。不過過幾天都得全部回來複診，確保都恢復才可以。」

極度擔心的芸慈，非常高興小狗們都沒太嚴重，期望過幾天後，情況都可以穩定，每一隻都可以健康長大。雖然一次要照顧這麼多隻狗寶寶，是非常浩大的工程，除了餵食之外，還要加上給牠們用藥。再定期全部帶回診所做檢查，實在是非常花費精力、時間。

對於這繁複的照料工作，雖然辛苦，但芸慈覺得是需要的。能夠讓這些小生命，都得到最好的照顧，是她能力範圍做得到的。看著狗寶寶們，逐漸恢復健康，食慾也慢慢轉好，芸慈覺得一切辛勞都是值得的。

每天看著小狗們漸漸長大，芸慈感到非常安慰：能夠相遇，就是有緣，不論有什麼病痛、問題，都不離不棄。

照顧的過程，往往都是辛苦、繁複的，能夠在能力範圍內，盡力照顧就足夠了。在照顧寶貝們時，也不要忘記照顧自己的需要。不讓自己透支過勞，就是最美好的付出與照料。

07

網路上，不是這樣說的

理性判斷分析網路繁雜訊息，配合專業建議，找到合適本身的需要、條件，才會是最好的照顧方式。

芽芽非常喜歡上網爬文，找尋任何需要的資料，也相信由自己在網路上找出來的資料，才是最正確的。一直喜歡小動物的她，在數個月的深入研究、找尋資料後，終於決定飼養人生的第一隻小狗。芽芽覺得既然是自己要養的，一定什麼都要給牠最好的，就如自己做事的態度一樣，一切都得是完美的。

芽芽一直想要養外型像泰迪熊一樣的貴賓狗，可以做自己最好的陪伴，帶出去也可以得到大家的喜歡、讚賞。芽芽心想，將來還可以把小狗打扮一番，換不同的造型，戴上不同飾品、衣服、鞋子。甚至還可以買一台推車，像小公主一樣帶牠出門，一定可以大受歡迎。

芽芽終於在眾多狗寶寶中，挑了一隻毛色最美、眼睛最有神的貴賓狗寶寶。「以後就叫妳公主！」芽芽開心地帶了公主回家。

家裡也一切準備就緒，等待公主回來。高檔舒適的床墊、小城堡一般的屋子，日本進口的飲水、食物碗。還有一堆小玩具，都是芽芽在過去幾個月，每天熬夜逛過數十個購物網站，多番比較後，才為心愛的小公主挑選購買的。還有一整箱零食，標明了「天然、健康」，也是芽芽用心為牠準備的。

「一切都要是最好的，才是給我的小公主的。」芽芽抱著三個月大的小狗，瞇著眼開心的對牠說。

活潑的小公主，很快就適應了新環境。每天讓芽芽打扮的像小玩偶一樣，棕紅色的毛，就像一隻可愛的玩具泰迪熊。不同的裝飾、

帽子、緞帶、衣服、鞋子，滿足了芽芽一直以來的夢想。每次的裝扮，也都拍了照片放在社群網頁上，大受歡迎。芽芽也因此收到了很多的「讚」與留言。每天將公主的照片上傳到網路時，變成芽芽最開心的時光。

幼小的公主，其實並不像照片中靜止的可愛模樣，而是個活潑、調皮的小狗，經常把戴在頭上的飾品扯下來咬爛，也常常要掙脫出芽芽用心搭配的衣服、鞋子。公主不愛這些加諸在身上的東西，只喜歡在屋內奔跑、跳躍。有時也喜歡咬咬東西，芽芽有幾對非常心愛的鞋子，也被公主的小牙齒咬破了、或留下了痕跡。

對公主的行為，芽芽感到不悅。上網找了很多不同人的說法，如何教導新的幼犬。但好像各種方式都無法讓公主乖乖聽話，穿好每天準備的衣服、戴好漂亮的飾品。「我一定會好好教好妳的。」芽芽信心滿滿的對著公主說。

注重公主的成長的芽芽，也上網看了很多文章，了解如何來讓公主的飲食更好。芽芽希望公主享用天然的飲食，希望小狗可以健康成長。每過一段期間，芽芽就會把最新搜尋出的飲食法，讓小公主食用。

前一陣子，芽芽開始讓公主食用「生肉法」，心想這天然的飲食方式，應該是可以讓公主更健康的。但食用沒多久，芽芽發現公主的排便開始不太好了，毛色好像也不如之前那麼好看，也察覺到公主好像經常用爪子抓自己。一開始芽芽以為公主就是調皮，想要把身上的衣服、飾品抓下來。但後來發覺，就算沒有穿戴任何東西，公主也是經常這樣抓著自己。

發現情況不太對，芽芽便帶公主到診所檢查。

「皮膚過敏歐！」醫生告訴芽芽：「飲食方面，都給公主吃什麼呢？」

「沒有啊，我都是餵食最天然的食品，沒有化學成分加工，一切都是最好的，肯定沒問題！」

「天然的食品是很好，但是妳都餵哪些食物呢？」

「我有餵牠很多不同的天然乾糧、零食、蔬菜。」

了解了芽芽餵公主的乾糧、零食成分、品牌後，醫生也詢問了蔬菜種類，大致上都沒什麼太大問題。也確認了沒用過其他可能造成皮膚過敏的清潔用品。但看著公主紅棕色的毛下，已經紅癢的皮膚，醫生再繼續詢問：「除了這些，還有沒有餵其他的呢？皮膚真的過敏的很嚴重耶！」

「沒有啦！」芽芽不覺得飲食會有問題：「歐！對了！我有給牠生肉，這是最好的，狗狗就是要吃這個才會健康！」

「生肉啊！」醫生停頓了一下：「生肉飲食，是有很多主人都會餵食給狗狗的。不過，也有一些狗會有過敏的反應。」

「怎麼可能？天然的生肉，怎麼可能會讓狗狗過敏？」芽芽語氣開始不悅。「我做過很多網上資料的查詢，非常多人都說這是最合適的！」

「嗯！我都很明白妳的用心。想要狗狗得到最好的飲食。不過生肉飲食，有時有些小狗用了之後，確實也出現一些過敏的反應，皮膚的症狀，也是都有。」

「不可能！網路上，不是這樣說的。我查過的！天然的就是沒問題！」

原本覺得自己已經詳盡做過調查的芽芽，聽到醫生的推測，覺得非常不專業。芽芽心想：「醫生一定不懂。可能沒有更新最新的資訊，停留在過去的知識裡而已。」

「或許可以試試看，先停掉生肉飲食，看看有沒有好轉？」醫生建議。

　　「為什麼要停？停了那要吃什麼？這是最天然的耶！」芽芽對於醫生的質疑，感到非常不開心。「我不覺得牠皮膚癢，是跟飲食有關係，因為我都是給牠最好的！」

　　抱起公主，芽芽轉身離開診療室。

　　「我給妳的，一定是最好的，不可能有問題！」芽芽對著公主說。

最完美的，不見得是最合適的。因為每一個個體，都
有獨特的需要。嘗試不同的方法，找到最合適的配套
方式，才會是對自己、對方最好的選擇。

我們也要嘗試接受不同的看法、做法、想法。找出最
合適的照顧方式，我們內心可以少些壓力，對方也可
以感覺舒適。

08

每天都要餵這麼多嗎？

選擇好的、正確的事去做，且堅持不變，是為「擇善固執」。但在面對問題時，卻以自身局限的經驗、感覺、情緒行事，反而容易被問題困住。練習換位思考，從不同角度看問題，真正做到「擇善固執」吧！

熱愛貓咪的小月，家中已經養了十幾隻貓。有領養的、有接收別人棄養的、有拾回的流浪貓。每一隻貓，都有不同的心酸故事。除了照顧家中的貓隻外，小月每天也會到不同的地方，去擺放一些貓糧，讓在外面流浪的貓貓們，都有食物可以吃。

家中的貓兒們，最年長的有十六歲的老貓，也有最年幼一歲不到的幼貓。經驗豐富的小月，懂得依照牠們不同年紀的大小、身體的狀況，為牠們搭配不同的飲食。

多年的照顧，讓小月累積了照顧貓貓們不同情況的經驗。一些簡單的病痛、輕微的病況，小月也有自己的一套判定方式，也可以自己用一些藥物，來舒緩貓貓的症狀。

小月也經常熱心的分享她的經驗，讓剛開始飼養貓的主人，可以比較容易上手，懂得照顧貓貓。也因為家裡的貓多，不同時候都會有一些病痛，所以小月也成了獸醫診所的常客，家中藥櫃，也累積了好多種不同的藥物。

前一陣子，家中一隻十歲的白毛黑斑雄貓——黑點，突然不吃東西了。嘗試地給了貓貓一些藥物，還是不見好轉。小月便帶著黑點去了獸醫診所就診。

「貓貓怎麼啦？」熟識的獸醫詢問。

「這一兩天都沒什麼胃口，不吃東西。」

年邁的獸醫，一邊檢查，一邊詢問著其他問題，診斷著病因。一陣詳細詢問、檢驗後，獸醫開著用藥，交代著小月如何服用、照顧。

　　「好，那麼回家後，就照著上面的指示，餵貓貓吃藥。」獸醫叮嚀著。

　　「咦，這藥有需要吃到這麼多嗎？」小月懷疑的問。

　　「是啊，依照貓貓的體重，計算出來，是要這個劑量的。」

　　「不用吧，我覺得可以不用吃那麼多。」小月憑著過往的經驗，直覺回覆。

　　「我計算給妳看。」獸醫拿著計算機，照著公式，算出劑量給小月看。

　　「噢。」小月不以為然的回應一聲。

　　「就照這劑量、次數，每天餵黑點歐。」獸醫再次交代。

　　帶著黑點與藥物回家的小月，心中依舊不認同醫生所開的劑量，內心覺得照自己的感覺才是對的。其他貓貓也是每次都這樣餵藥，都好轉了。

　　心意已決的小月，不想理會醫生所開的劑量，每天就照著自己覺得對的份量來餵藥給黑點。一開始，黑點好像有好轉，開始吃了一些食物，但過了兩三天後，又開始沒胃口、不進食了。就這樣過了一個星期，小月開始擔憂，又決定帶去獸醫那邊檢查。

　　「黑點有沒有好一點啊？」獸醫關心的問。

　　「一開始有，但過兩三天後，又不吃東西了。」

　　「那不吃東西有幾天了呢？」

「大概四天左右吧。」

「這麼多天了？怎麼今天才帶來？」醫生認真問著小月。

「我想可能藥性要慢慢起作用，所以想多觀察幾天。」

獸醫檢查著黑點，告知小月：「妳看，黑點現在狀態很不好，整個精神很差。」

「是不是藥沒作用啊？」小月問醫生。

「一般來說，這種病況，用這種藥跟適合劑量都會起作用的，如果沒有其他問題影響，都會好轉的。是照著上次開的劑量餵貓貓，對嗎？」

「……」小月不回應。

「沒有照著上次算出的劑量餵嗎？」醫生看著小月。

「………嗯，我覺得，那劑量太多了。」小月再次提出。

「怎麼會太多呢？我們照著公式算出來的不是？」醫生不解的問。

「但是我就是覺得太多啊！」小月堅持自己的想法。

「如果不用合適的劑量，是起不了效果的。而且，為什麼會覺得太多呢？從哪個方面來說，這樣對貓貓是太多呢？」醫生追著問。

「我就是覺得太多啊！」

「覺得？不是計算出？」醫生訝異的問著。

「對啊，就是感覺啊！」

「開藥是要知道病況、病因，加上貓貓的體重，來做一個判斷。

不是靠一個感覺啊。」醫生語氣開始加重。

「但我就是覺得啊！我家裡的貓，我都是這樣餵藥，都會好。」小月提高音量。

「但黑點的情況妳也看到了。沒有好轉，整個狀態也比上次差很多。」醫生指著黑點。

「......」小月無語回覆。

「為了黑點好，照這劑量幫貓貓餵藥好嗎？」醫生語氣緩和下來，希望是以病患的狀況為主，而不是在兩人之間的論點上爭執。

「好啦！好啦！我回去再試試。」小月依舊不服氣。

「黑點，乖乖吃藥歐，趕快好起來，再惡化就很麻煩了。」醫生望著貓貓提醒著小月。

「真的要吃那麼多的劑量嗎？」小月依舊不放棄的問。

「是的！」醫生逐漸失去了耐性。「請妳照著開的劑量餵藥，為了貓貓好，不要自己減量了。」

小月不語，把黑點放回袋子裡，拿著藥，悶悶的走出了診所。

回家的路上，小月還是非常不開心、也不服氣，打電話跟好朋友投訴：「我就是不明白，為什麼要餵那麼多藥！」「藥都有副作用，吃多不好不是！」「我覺得醫生很有問題！」「照顧這麼多年的貓，我怎麼會不知道怎麼餵藥呢！」......

小月一連串的抱怨，讓電話另一端的好友也不知道怎麼回應，只是聆聽。

「妳說，醫生是不是很差勁？」小月越說越氣。

「月，試試看醫生的劑量嘛......給一次機會好不好？」

在面對一些問題時，我們免不了會有一些情緒出現。練習把照顧的對象，放在第一位，從牠們的角度來感受，會更容易找到改善的方式。打開心胸去了解超出自己經驗法則的事物，嘗試用專業的意見、方式，來照顧生病的寶貝，用對寶貝最好的療癒方式，才可以讓牠們過得更舒服、更有生活品質。

09

我朋友說的

當問題出現時，很多時候，我們可能不想面對，或是用其他理由來合理化問題。但，問題並不會消失不見，到頭來還是要面對，甚至這時再來解決問題，要更勞心勞力才能找到改善方式，才能真正解決問題。

熱狗，是艾爾養了一年多的小狗，灰色的毛中，穿插一些黑色。每天熱狗都與艾爾同床共睡，艾爾都跟朋友說：「熱狗要是不上床跟我睡，牠整晚都會睡不好！」只要艾爾在家時，熱狗基本上跟他是形影不離，艾爾走到哪，熱狗都會跟在一旁。當艾爾看電視時，小狗也會在一旁趴著陪伴。

漢斯是寵物用品店的老闆，是艾爾養了熱狗後，在店中相識的。經常會與艾爾分享一些照顧小狗的訊息。聽著每次漢斯滔滔不絕的寵物照顧分享，艾爾覺得漢斯應該是懂很多，有照顧狗狗的專業知識的人。有什麼問題，艾爾都是第一個詢問漢斯意見，就算是小狗身體不舒服時，艾爾也是先問漢斯，而不是帶去看醫生就診。

有一天早上，艾爾睡醒時，發現熱狗不像平時，一醒來就過來舔舔自己的臉頰。今天反而是還躺著，不怎麼動。

「起床啦！懶惰蟲。」艾爾叫著熱狗。

熱狗沒給予太大的反應，雙耳稍微動了一下。

「怎麼啦？是不是睡不夠啊？」艾爾伸手過去摸摸熱狗，平時摸小狗的肚子時，熱狗都會開心的搖著尾巴、小腳不停踢。但今天卻是完全沒反應。

艾爾覺得有點不妥，帶了熱狗去漢斯的寵物店，詢問漢斯的意見。

「老闆，熱狗今天怪怪的，都不太理我。」艾爾擔憂的問著。

「我看看。」漢斯一副專業的樣子，打開了袋子，看了看熱狗：「沒什麼啦！應該就是不開心啦，心情不好。」

「心情不好？」艾爾不太理解漢斯的說法：「昨晚我們還玩得很開心。」

「對啦，心情不好，所以不想動！人會這樣，狗也會。」

「歐！」

「帶回家給牠休息一下，過一陣子就會好了。」老闆信心十足地說著。

「好的，謝謝你。」艾爾感謝漢斯的幫忙。

兩天之後，熱狗還是沒有什麼轉變，也沒進食，就慵懶的一直趴在床上。艾爾心中覺得不太安，便帶小狗去了獸醫診所。

「熱狗這樣幾天了？」獸醫問道。

「兩天了。本來好好的，突然就這樣。」艾爾無奈的說。

「我們先做一些檢查，看看是什麼原因，牠這樣的症狀、反應，是比較少見的。」

在一番檢查、測驗之後，醫生告訴艾爾：「熱狗的情況嚴重，我們需要轉診牠到其他醫院，接受其他檢查、住院治療。」

「有這麼嚴重嗎？」艾爾不想相信。

「你看牠，身體發熱，四肢都無力、沒有太多的反應。這需要到大一點的醫院去治療。」醫生再解釋。

「對啊，兩天前也是差不多這樣。我朋友跟我說，休息一下就

會好了。」

「目前的情況判斷是嚴重的，需要更多醫務治療。」獸醫再次強調。

「會不會是牠不開心？所以這樣呢？」艾爾想起漢斯的說法。

「不開心？所以這樣？」醫生疑惑地看著艾爾：「不開心，也不至於到有這樣的生理反應歐。」

「但我朋友說，牠是不開心才這樣的，休息多一點，就會好了。」艾爾依舊不想接受。

「我們會先幫你打電話到另一家醫院，安排轉診。」醫生回到主題。

「可以不要嗎？我想帶牠回去休息，應該就沒事了。」

「從專業的角度判斷，這病情是嚴重的，是需要更多醫療協助。」醫生重複。

「那你們先安排吧。」艾爾說：「我之後再帶牠過去。」

在獸醫助理安排一切事宜後，艾爾也帶著熱狗，離開了診所。

「獸醫說，很嚴重耶，要轉診。」艾爾在電話上告知漢斯。

「沒有啦。我看過了，熱狗就是不開心，沒有說得那麼嚴重。」

「我也覺得沒那麼嚴重，熱狗才一歲多，怎麼可能會有病。」艾爾不想接受獸醫的說法。

「對啊！帶牠回去休息就好，不然會要一筆很大的醫藥費的。我這邊也有其他保健食品，你可以過來買給熱狗吃，就會好了。」

「好，這樣也不用花那麼多錢，熱狗就可以好了。」艾爾聽從

建議。

　　隔天早上，熱狗依舊沒有醒來舔艾爾的臉頰，也沒有再呼吸、打開雙眼了。

有句老話「當局者迷」，很傳神地點出我們遇到問題
時的情況。多多提醒自己，面對眼前的難題，一定要
尋求不同的幫助，讓自己跳出窘境，腦子才能清楚地
面對難題，找出最好的解決方式。

10

你一定要是最好的

很多時候，我們覺得最好的，未必適合對方。很多時候，我們認真用心做的事，結果仍然不盡人意。哪裡出錯了？原來我們都忘了，重點是順其自然！因為順其自然，我們認真去做，成果自然是加分再加分！

糖姨從年輕時，對每一件事都有特別的要求、過人的標準。工作上的表現，總是能得到上司的肯定、客戶的讚賞。對自己，她也一定要自己打扮得體耀眼。除了工作特別認真外，對於飲食，她同樣也花很大的功夫做了很多研究，糖姨深信：唯有做到最好的保健補充，才能讓自己永保健康美麗。

每天早上，糖姨會打開一盒盒的維生素補充品。從頭到腳需要不同的營養補充，糖姨為自己選擇了最好的搭配，確保身體的每一個部分，都得到最好的保養。

一樣高標準的保養方式，糖姨也用在養了多年的小狗美美身上。純白色的西施犬，兩隻大大的眼睛，剪齊的毛髮，綁上可愛的小蝴蝶結，是糖姨每次帶出門的驕傲。

每個星期糖姨都會帶著美美，參加毛孩聚會。這場聚會裡，主人們都會帶著自己的狗兒一起出來聚一聚，給小狗們一起跑跑、玩玩，主人們也會一起談天、交換養狗心得。

在聚會上，糖姨也跟其他人分享自己照顧美美的經驗：

「我一定都是給我們家美美最好的補充保健。這樣牠才會保持這麼健康、漂亮。」

「哇！真的啊？糖姨都給美美吃什麼呢？真的好漂亮啊！」

「每一個部分，一定都要做到補充。隨著年紀增長，還要加上

不同的補充品呢！」糖姨自信的分享著：「基本的綜合維他命，是一定要的，補充平時飲食裡可能不足夠的。雖然給美美的飲食，也是特別比較過，是營養最均衡的，但是還是得幫牠補一補。還有其他 ....」

每一次來參加聚會的主人們，都從糖姨身上得到好多資訊。

隨著美美年紀大了，糖姨更是開始幫牠研究保養，在原本已經不少的日用保健品中，也大量增加了更多骨頭關節保健、抗氧化等等保健食品。

一次糖姨的朋友到家裡與糖姨聊天，看到桌上一大盒一大盒的保健食品，好奇地問：「糖姨，妳現在吃這麼多保健食品啊？」

「那些不是我的，是給美美的。牠現在年紀大了，身體很多地方都開始退化了，一定要補充，才不會衰老、生病！」

「這麼多啊？」

「那都是必須的啊！不然身體不會健康。」糖姨肯定的說。

「吃了這麼多保健品，美美還要吃飯嗎？」朋友打趣的問。

「牠食慾變差了，最近都不太吃準備的食物。所以我要給牠更多營養，確保牠的身體有足夠的養份啊。」

「最近都不太吃飯？有看醫生嗎？會不會是不舒服啊？」友人擔心。

「有帶牠去看醫生。不過醫生也沒什麼用，看了等於沒看。」糖姨不悅的抱怨著。

「醫生怎麼說啊？」

「醫生說美美保健食品吃太多啦！胃都是保健食品，所以不吃

飯，才變得沒精神、沒食慾。」糖姨氣憤的轉述。

「會不會真的是有點過量呢？」朋友建議。

「怎麼可能啦！我都研究過了，這些都是需要的營養，而且每一顆也不是很大啊，我自己也是每天都吃，才能保持這麼好的狀態。」

「但 ...... 美美是小狗，身體又那麼小 ......」朋友看著一旁趴著、無精打采的美美。

「牠就是沒有好好補充，才精神不好，沒有食慾的啦！」糖姨堅持。

「那醫生還有沒有其他建議？開藥？」

「沒有啦！什麼爛醫生！」糖姨氣又上來了：「完全沒有幫到美美。他學醫都不懂營養補充的重要，還要我給美美吃少一點營養食品！那怎麼夠每天身體的需要！都不知道哪裡畢業的。」

越說越氣的糖姨，氣憤的繼續跟朋友抱怨：「我跟那醫生說，不然就開個開胃藥，讓美美可以吃多點正餐。唉！醫生居然還不肯，堅決不照我說的開耶。你能相信嗎？這什麼醫生啊？」

友人勉強的附和著糖姨，笑了笑。

「我就是氣不過，怎麼會有這麼不負責的醫生。」糖姨想著自己從來都是把事情做到最好，醫生的態度，讓她每次提到時，怒氣馬上就上來了。

「好，好。不要氣，再找另一個醫生看看好嗎？」朋友建議糖姨。

「我後來也再看過幾家獸醫診所。沒有一個肯好好照我的意

思，給美美開胃藥，幫一下美美的胃口！這些醫生，沒有一個肯好好幫助我的美美！」

「那怎麼辦呢？美美真的不像之前那麼有活力耶。」朋友開始擔心。

「沒關係，我會再研究，看還有什麼可以幫牠補回體力。」糖姨依舊生氣：「這些醫生都沒用，我自己來。我還要上網去罵他們，讓大家知道這幾個醫生，都沒愛心，不好好幫我的美美，讓牠變成這樣！」

望著趴在一旁的美美：「你一定要是最好的。」糖姨說。

每一個個體，都有不同的性格、需要，只有给予最合
適對方的特定需要時，才是最好的照顧方式，才能讓
寶貝成為最好的。當情況沒有改善時，多多嘗試不同
的方法再試試。畢竟，寶貝的健康，是最重要的。

11

你就再多喝一口好嗎？

面對病危的寶貝，我們都會感到焦慮、心急，但內心的憂慮，可能造成已經身體不適的寶貝們倍感壓力。

疼惜狗兒多於自己的吉米，每天安排好員工們的工作後，整天的時間就是陪伴心愛的三隻狗兒：大眼、長腳、短尾。三隻從小由動物收容所帶回來的寶貝，吉米照顧牠們就像親生的孩子一般，每一個小細節都非常用心呵護。飲食、居住、清洗、保健等等，每一個環節都非常注重。只要一有任何不舒服，吉米都會非常緊張、擔憂。

每一次只要吉米發現任何一個毛孩有不舒服、反常的現象，便馬上緊張的帶牠到獸醫診所，請醫生仔細檢查。任何可以幫到孩子們的方法，吉米都會嘗試，不會考慮多少金錢的付出。

平時為三個毛孩打理時，吉米也會非常用心的把全身的毛梳過一次，仔細檢查每一個部位，有沒有皮膚問題，毛色是不是都是健康的。眼睛、牙齒的清潔保養，吉米每天也都會打理。

隨著年紀逐漸增長，三個毛孩身體的問題也越來越多。雖然平日都是那麼用心照顧牠們，但隨著身體老化而出現病痛，卻也是避免不了的。而最讓吉米擔憂的是大眼，除了關節老化，行走不便之外，在多次的檢測後，發現原來身體裡面也長了腫瘤。

經常帶著大眼去看診的吉米，總是會用心的與醫生討論：「醫生，大眼這樣的情況，怎麼辦好？」

「這腫瘤生的位置，真的是比較麻煩，手術風險會很大。」醫生解釋。

　「那怎麼辦啊？可以怎麼做啊？我還能爲牠做什麼？」吉米慌張地問。

　「這樣吧。我幫你轉介到專科那邊，或許可以幫到大眼。」

　「好！好！只要幫得到，我都覺得值得的。」吉米認眞的告訴醫生。

　「好的，我們幫你安排。」

　轉診專科的大眼，順利在專科醫生的幫助下，切除了腫瘤，吉米開心不已。因手術複雜與所需藥物都是較高價的，整筆費用都非常高。但吉米覺得爲了毛孩們，付出都是值得的。

　出院後回家的大眼，體力、胃口都尙未恢復。緊張的吉米，到處詢問方法來幫大眼調養身子，希望牠可以盡快恢復。吉米也回到原本獸醫診所親自告知這個好消息。

「謝謝你的轉診，真的幫到大眼切除腫瘤了。」吉米興奮地說。

「手術能夠順利完成，真的太好了。接下來就是好好休養了。」醫生說。

「是啊，牠現在胃口、體力都還沒恢復。怎麼辦？」

「我給你一些調養的食譜，用這些食療方式，可以幫牠盡快恢復體力。」醫生準備著一些康復用的食譜給吉米。

照著醫生建議的食譜，吉米每天都購買了最新鮮的食材，照著食譜的指示，吉米烹煮了好多復原食品給大眼。

「大眼你看，我幫你準備好了，都是最好最新鮮的歐。你趕快好起來。」

疲憊的大眼，微微抬高了頭，看了看吉米，又趴下休息。

「快點喝吧。這是最精華的湯了。」吉米捧著精心烹煮的湯品給大眼。

喝了大半碗，大眼便繼續趴下休息。希望狗兒能夠快點恢復的吉米，拿著碗裡剩下的湯品，放到大眼前面：「再喝一下，還有，喝完才會痊癒。」

大眼看了看，把頭轉過另一邊。吉米又繼續從另一邊，把碗拿到大眼前。

大眼又轉開頭。吉米苦求：「你就再多喝一口好嗎？」

不要因為擔憂，而讓自己迷失，適時的讓自己喘口氣、
放鬆一下。經常讚許自己的付出，穩定內心的情緒。
別讓內心的慌亂，變成照顧過程的壓力。

12

網路上說可以啊，為什麼都沒用

所謂「盡信書不如無書」，或者因應流行，可改成「盡信網路不如沒有網路」。自己用心去感受、觀察的結果，比網路各位「大神」說的，可信多了！相信自己、相信專業，可以讓我們更客觀的照顧好寶貝。

阿坤非常喜歡貓貓，在放假的時候，也會當起貓義工，與其他義工成員，幫助流浪貓隻。在三年前，他又收養了黃色斑點的小貓。多年來與貓共處的經驗，讓阿坤將小貓照顧得很好。

小貓喜喜在阿坤的細心照料下，一直都沒什麼大病，偶爾有些不舒服時，阿坤也用自己多年累積的經驗，給喜喜吃一些藥，或是緩解病狀的食物，治癒小貓的不適。

多年照顧貓隻的過程中，有時候也會遇到阿坤無法解決的問題，網路就是阿坤經常找尋答案的地方。不論是其他義工的分享，或是國內外網路的文章，都是阿坤找出幫助貓兒們方式的來源。

上個月開始，阿坤發現喜喜開始不太吃東西了。憑自己多年照顧貓隻的經驗，與帶不同貓兒就診的經歷，阿坤先幫喜喜看了看哪邊不妥，找出原因。

多番檢查後，阿坤發現喜喜的牙肉特別紅腫，口內也有潰爛跡象。心疼小貓的阿坤心想：難怪喜喜不吃東西，這樣腫痛，誰吃得了。阿坤馬上準備了一些流質食物給喜喜，也配了不同的營養粉劑，幫助幾天沒進食的喜喜補充體力。

「來，我餵你，這樣就不用咬，嘴也不會痛了。」阿坤抱著喜喜，用針筒餵著喜喜已經調成流質狀的食物。在阿坤每天細心的人手餵養下，喜喜也攝取了一些營養，精神狀態沒有之前那麼萎靡。經驗豐富的阿坤，沒有就此停下治療喜喜的工作，依舊每天幫喜喜

做檢查：「奇怪，怎麼牙肉還是這麼紅腫，口內潰爛還是沒有比較好。」阿坤不解，便在食物裡加上一些消炎藥，希望喜喜可以恢復。

同時阿坤也上網搜尋，也在網上的義工貓貓討論區中留言發問，希望其他有經驗的義工，可以給予一些經驗分享。沒多久，討論區的留言已經超過百則。阿坤感謝大家的留言，也選擇了一些應該是有效的方式，給喜喜治療。

一個月過去了，喜喜口內的問題依舊存在，而且還有更嚴重的跡象。覺得情況不妥的阿坤，決定帶喜喜去獸醫診所治療。

「這情況多久了？」獸醫檢查喜喜的嘴。

「大約一個月了吧。」阿坤回覆。

「怎麼隔這麼久才帶過來啊？已經很嚴重了。」獸醫的語氣加重了。

「我以為牠自己會好。」阿坤有點不好意思。

「自己會好？你沒發現有變得嚴重嗎？」獸醫質問。

「有。」阿坤開始內疚：「但我也有給牠吃藥，還有給牠專門幫助這問題的東西。」

「都給牠吃了什麼藥啊？劑量你自己開？」獸醫看著阿坤。

「嗯……對啊。我就是加一點點消炎藥在牠食物裡，然後也有給牠網路上其他義工建議的食物。」

「那你知道要給多少劑量嗎？」獸醫不悅地問。

「我……我……我就是大概加一點點，在一碗那麼多的食物中，每餐給牠吃一些。」阿坤開始避開醫生的眼神。

「一點點是多少？一碗的食物，又是多少？多少克？多少毫克？」醫生連續丟了好多個問題給阿坤：「你知道我們開藥，是要配合貓的體重、狀況來開，才能對症下藥，幫助病情吧？」

「我知道 .... 但，我就是大概抓個比例，喜喜那麼小一隻，所以我就給一點點。」

「大概抓個比例？怎麼大概法？」醫生語調提高。

「...... 對 ...... 就是憑感覺，抓一下比例。」

「所以你還是沒有明白，醫療不可以大概抓個比例，是要清楚計算出來劑量，不是憑感覺！」醫生越說越激動。「你這樣有尊重貓貓的生命嗎？如果比例不對，貓貓更嚴重、更痛苦，這樣是對的嗎？你還是個貓義工，平常還指導新手主人養貓！」

「我想我這麼多年經驗，應該是沒問題的。」阿坤覺得內在的尊嚴被挑戰了。

醫生繼續檢查喜喜，然後看著檢驗出來的報告，指著報告上的數據：「你看，這數據都這樣了。你應該知道很嚴重了吧？」

阿坤沉默了。

「那你還有餵牠吃什麼？你剛剛說網路上義工的建議是？」醫生問。

「蝶豆花啊！大家都說對這個問題很有效。」

「那有改善嗎？」醫生非常不開心的問阿坤。

「還沒看到改善，但我們群組裡的義工，都說很有效，網路上我也有看到其他人說有效。」

阿坤辯解著，心裡想著：網路上都說可以啊，為什麼都沒用！

很多時候，我們會被過去的經驗給影響、綁住，而失去了客觀的判斷、分析。當把心放在寶貝的感受上時，我們可以比較容易同理牠們的情況。

13

順其自然，盡力就好

自己當下能夠做的，盡力去做好，就是最好的付出與關愛。

多年用心照顧流浪貓狗的小清，在幾年前已經辭去全職工作，全心投入照顧在街頭流浪的貓貓狗狗。小清心疼這些毛孩經常沒東西吃，有時候病了，沒能得到醫治，在外流浪受苦。所以每天，小清都會到幾個不同的定點，分別放置一些貓狗的糧食，讓那些在外流浪的毛孩們，可以知道哪些地方有食物可以吃。

看到生病或受傷貓狗時，小清也會想辦法帶牠們去獸醫診所接受治療。有時在捕捉牠們時，小清也會受傷，雖然毛孩生病了，但在野外獨立久了，不習慣與人近距離接觸。所以要帶牠們去看診時，小清都需要用盡辦法，冒著被咬傷、抓傷的危險，將牠們放進籠子裡。

小清的好友佩佩，每次看到小清手上、腳上的抓痕、咬痕時，都很心疼地問小清：「這樣值得嗎？小動物們會感謝你嗎？」

「我不是要牠們感謝才做的啊。我是看牠們病痛很辛苦，才想帶牠們去醫治。」

「那抓了牠們後，這些貓貓狗狗不就沒有自由了？」佩佩好奇的問。

「如果治好了，我通常也會請醫生幫牠們手術絕育。然後再看看牠們合不合適與人共處。有些很快就習慣跟人一起生活了。」

「那之後你把牠們送出去？給其他人領養？」

「對啊，如果牠們跟人一起生活覺得舒服，那有人可以照顧，也是好過在外面有一餐沒一餐，病了也沒人理。」

「那如果不想跟人親近的呢？」

「那就等牠們病好了，放回牠們本來生活的地方，畢竟那是牠們已經習慣的生活。」小清解釋。

「我真的好欣賞你的愛心，居然把工作辭了，全職這樣照顧這些毛孩。」

「我是不忍心看牠們這樣受苦。」小清笑笑的回答。

那一天，有其他義工聯絡小清：「我這邊有一隻小黃狗，病得很嚴重，你可以幫我們帶牠去獸醫診所嗎？」

「好啊，沒問題，我馬上過來接牠去診所。」聽到這樣的要求，小清總是義不容辭幫忙。

到了診所檢驗後，獸醫跟小清說：「小狗的情況很不好，需要做檢查再確認病情，有機會需要輸血。」

「那要很高的花費嗎？」

「依小狗的情況，治療下來費用會不少。」醫生解釋。

做了多年的貓狗義工，跑了無數診所的小清，心中大概知道需要的費用大約有多少。

「小狗情況嚴重，會需要很多的醫藥費。」小清打電話告知託付小狗的義工。

「要很多錢啊？我們這邊沒有經費，要醫的話，你得自己想辦法。」義工掛上了電話。

內心很無奈的小清，看著躺在氧氣箱裡呼吸急促的小黃狗。小清算了算，自己真的沒有那麼多錢拿出來，一時也想不到其他辦法，焦慮地流著眼淚：「我真的無能為力，原諒我好嗎？」

生活中經常會有很多無奈，往往也都不是我們可以去改變、控制的。不論如何用心的去付出、關愛寶貝們時，我們都會遇到不同的阻礙。

只要是在自己當下的能力狀況內，用心地给予、付出，那就是最好、最圓滿的關愛了。

14

不到最後，我們都不放手好嗎？

堅持，可以讓我們重新找到機會，延續更好的生活。

這幾年一直守護在老犬旁的義達，無論如何，都不願意放棄心中最疼愛的「勇士」。年輕時的勇士，跟著義達參加過無數的比賽，勇士已經是名犬比賽脫穎而出的明星犬。但隨著年紀的增長，身體也免不了有了很多的病痛。即使非常懂得照顧犬隻的義達，從以前就在多方面的幫勇士做保養，也帶老狗經常去做針灸治療，讓牠保持了行動上的便利，沒有因為關節的退化、病變，失去了行動的功能。

但身體機能的衰老，與腫瘤生長的地方，讓十七歲的勇士，在半個月前面臨了生死的抉擇。

聽到醫生講解發現腫瘤的位置，以及手術的高風險性，義達陷入非常困難的決定當中。要他就這樣放手，讓勇士離開，義達是萬萬做不到。

拜訪過數家獸醫診所，幾乎每一個醫生都是這樣告訴義達。到處碰壁的義達，雖然有點灰心，但不放棄的心，讓他繼續找尋不同的意見。心想一定可以找到不同答案的義達，終於在一家診所與醫生討論時，聽到醫生另一種建議：

「如果真的要讓勇士有機會繼續生存，得轉到專科那邊再次評估手術風險，由專科醫生幫牠做這個手術，或許有機會可以再繼續生存。」醫生當時解釋。「當然，這是沒有保證一定成功之外，整個手術治療的費用，也是相當昂貴。」

為了勇士，多少錢的花費，義達都覺得值得。但，幾十萬的費用，確實也是一種負擔。經過內心的掙扎後，義達還是決定放手

一搏，爲勇士爭取生存的幾會，轉診專科醫生幫老狗切割體內的腫瘤。

手術意想不到的順利完成了，原本專科醫生也不是太樂觀的手術，居然一切都順利完成，而勇士也很快的恢復了意識，從麻醉中醒來了。看到手術順利的勇士，義達感到無比的感動。

躺在住院的籠子裡，老狗對牠最鍾愛的主人眨了眨眼，好像說著這次他們倆又贏得了勝利。

「勇士就是勇士，我們經過無數的比賽，你都是可以勝出的。」義達讚賞著復原中的老狗。

手術過後，出院回家休息的勇士，雖然腫瘤切除了，但手術過後體力還是有受到影響。原本行動無礙的勇士，現在站起來行走，開始顯得力氣不夠，走路也不太穩定。看到這情況的義達，便帶了勇士到中獸醫那裡做治療。每隔幾天的針灸，讓勇士的狀況稍微好轉。但氣力還是沒能夠好好恢復。

「醫生，怎麼針灸後，勇士還是不能走得很穩，好像力氣不夠？」義達問。

「勇士的年紀，在這麼大的手術過後，體力是需要多一點時間才能恢復的。而且勇士之前的病情，其實能夠順利手術成功，確實也是個奇蹟了。」醫生解釋。

「是啊，那時候要不是我一直堅持，專科醫生原本也不打算做這手術。」

「一般來說，醫生都不會想做這樣的嘗試，畢竟風險真的太高了。或許你真的感動了那位醫生，才肯這樣幫你動刀。」

「不可能就這樣放棄勇士啊！」義達說：「那勇士接下來怎麼

辦？還能怎麼幫牠？」

「勇士的體力還是得再補充，給牠多吃一些比較營養的食品，可以慢慢再補回體力的。」醫生建議。

「那我用最好的食材、藥品燉湯給牠喝。」義達建議。

與醫生確認過後，所用的草藥、食材都是適合勇士後，義達便每天都不計花費，用最好的原料燉湯給勇士。

勇士在義達每天用心的燉湯補身後，體力確實有明顯的恢復，但走路時，依舊是不穩，每一步都要用很多的力氣，支撐身體的四肢，站立時也會微微地顫抖。

看到勇士的情況，義達又為老狗買了一套復健用的走路器具。每天都會幫勇士套上，兩個一起在步道上練習走路，希望勇士可以一步一步走回穩定的步伐。

回到診所複診針灸時，醫生看到了勇士的好轉，驚訝的說：「想不到牠生命可以延續下來，而且精神狀態還可以這麼好！」

「是啊，我依照你的建議，每天給他燉湯補身體。」義達開心的說。

「你真的很用心，照顧的非常好。勇士真的很幸運有你在牠身邊。」醫生稱讚。

「謝謝你，醫生。針灸確實有幫到牠，讓牠行動力恢復了很多。我們每天也都會花時間，一起練習走路。」義達感謝著醫生。

「練習走路？」

「對啊。我用復健用的輔具給勇士，然後每天慢慢的跟牠一起走路，讓牠的行動機能再恢復更多。」

「有你這樣不放棄的主人，勇士可以恢復得更好。」醫生讚許義達。

「我們都會堅持下去的。」拍了拍剛做完針灸的勇士，義達對著勇士說：「不到最後，我們都不放手好嗎？」

照顧寶貝的過程中，免不了會遇上很多難以改變的情況，只要用心找尋、嘗試，我們還是可以找到改善的方法。

很多困難、挑戰，經常會限制了我們讓自己變得更好。但當方向確定，堅持想要完成的目標時，我們可以一步一步邁向更好的將來。

很多的不可能，只是因為我們擔憂了結果，沒有放手讓自己去嘗試。

當我們一心努力、不放棄，很多意想不到的成果，也都會出現。

part3
給自己的照顧

毛孩們是很敏感的，
當我們感到哀傷、焦慮、憤怒時，
寶貝們也會感受到壓力。
所以請好好照顧自己！

傷痛之後，用愛療癒傷痛

心受傷了，唯有時間和愛兩種藥方。慢慢用時間，打開自己的心，我們可以重新學會信任、感受到關愛。

漫步在流浪狗收容中心的阿美，看著每個籠子裡大大小小、老老少少的狗兒，內心覺得不捨。雙眼泛著淚，不忍這些流浪狗在這樣的環境裡，也不捨離開了數個月的寶寶——過去十八年陪伴著阿美每一天的老黃犬。

阿美一直掙扎著是否要再帶個毛孩回家，與自己做伴。她內心還是放不下已經離世的寶寶。

曾經有過那麼多的歡樂，共度過數千個日子，最終還是得面臨傷心的離別。阿美明白，若將這份愛，延續到另一個毛孩身上，也是一件很好的事情，但心中的痛，卻是難以療癒。

收容所的狗兒，眼神充滿了害怕、迷茫。每一個與阿美對上的雙眼，都好像告訴著阿美：「帶我走吧」。一個又一個籠子，有數百隻狗，阿美也不知該帶誰走。就這樣來來回回，阿美在這收容所裡走了好幾個小時。

突然間，阿美看到了一隻土黃色的幼犬，蜷曲著身子，躺在籠子的一個角落。一時間，阿美以為看到了十多年前剛養的寶寶。但仔細再看，寶寶的嘴比較尖，這隻小黃狗的嘴，比較圓一點。

考慮了好久，阿美心想，來了這麼多次，今天看到了這小黃狗，定是有緣。阿美心意一定，便馬上找工作人員，辦好手續，準備帶小黃狗回家。

小黃狗從上車開始，身子就顫抖個不停。緊張害怕的小黃狗，

緊靠在提袋的一端，不知道自己將到什麼地方。陪在一旁的阿美，輕聲的告訴小黃狗：「不要害怕，我帶你回家。這裡有吃、有住、也有愛。」聽到阿美溫聲說話後，小黃狗的心，好像接收到了訊息，稍微停止了身體的顫動。但不一會兒，身子又開始震動。來到阿美家，小寶慢慢地熟悉環境，也嘗試走出提袋。牠小心翼翼的，嗅著這房子裡的一切，從每一個傢俱到房內的每一個角落，小寶慢慢放下警戒的心。嗅著、嗅著，看到坐在椅子上望著自己的阿美，小寶驚嚇地彈了起來，躲回之前裝著自己的提袋，顫抖地縮躲在裡面。微微的發出低鳴的聲音，警示著阿美不要靠近。

　　清楚小狗剛到新環境的緊張，阿美給予充分的時間、空間，讓小寶慢慢適應。也準備了水與飼料，給小寶自己隨時可以進食。同時阿美也拿出了不捨得丟棄、之前寶寶用的睡床，給小寶準備好，讓牠可以使用。

　　就坐在椅子上靜靜等待的阿美，看著小寶又嘗試走出提袋。嗅了嗅食物跟水，便開始狼吞下每一顆碗裡的糧食。一盆水，很快喝掉了一大半。阿美心想，牠應該餓壞了。

　　但吃糧食後，小寶又不安地走回提袋裡，趴在裡面，望著椅子上的阿美。「沒關係，你慢慢適應，這是你的家了。」阿美提醒小寶。準備了更多的糧食與水之後，阿美就自己回房睡覺，讓小寶待在客廳裡，適應這個屬於牠的新空間。

　　早上醒來，阿美看到小寶吃光了所有的糧食。靠近門口的牆上，出現了很多抓過、咬過的痕跡。而小寶依舊是躲在提袋內看著阿美。「我知道，你需要多一點時間，我們慢慢來。」阿美換過新鮮的水與糧食後，便出門上班了，讓小寶自己慢慢習慣環境。

　　晚上回到家後，一開門，阿美見到小寶衝回提袋內，看著阿美走進來。糧食與水的碗都空了。門邊的牆多了更深的抓痕，地上也

見到很多細屑。阿美察覺小寶沒有那麼緊張了，比較靠近提袋的出口看著阿美，不像昨天剛來時，躲在提袋最內端。「這床墊是給你的歐。」拍拍墊子的阿美，再次提醒小寶，可以睡在那裡。

隔天早上起來，阿美看到小寶已經放下了戒心，睡在那個床墊上。雖然當阿美開門出房時，小寶又衝進了提袋，但顯然的，牠心中的警戒，已經放下很多了。阿美對小寶微笑：「早安，開始習慣了嗎？」小寶好像也知道這是牠的新家，在這邊牠是安全的，不用再過回以前被追跑、有一餐沒一餐的生活，或是與上百隻狗關在一個小空間內，爭搶糧食的日子了。這時，小寶眨了眨眼，像是回應了阿美。

阿美與小寶，漸漸彼此習慣了對方的存在。一心一意，把心中的愛全都澆灌在小寶身上，阿美失去寶寶的痛，好像也不再那麼難受了，可以慢慢放下了。雖然牠們兩個是不同的、各是不可取代的獨一無二，但小寶的到來，在不知不覺間已經是阿美依賴的另一種力量。而小寶，也開始卸下了心中的警戒，不用像過去生活在野外時，需要隨時處於防備的狀態，提心吊膽會有其他狗的攻擊，或是人類的追捕。兩個心中的傷痛，就在這日常又平凡的互動中，彼此都找到了療癒。

一個月後，清晨阿美起床時，發現小寶的床墊，居然被拉到房間門口。阿美見了，忍不住笑了出來。「想我了嗎？」趴在床墊上，正豎起一邊耳朵，雙眼晶亮的小寶，靜靜地看著笑瞇瞇的阿美。已經完全可以在這環境放鬆的小寶，不再會聽到阿美的聲音，就跑開躲起來。

阿美的關愛，讓小寶可以重新與人互動，放下心中的害怕恐懼。小寶自在地陪伴著阿美，兩個也開始形影不離。阿美在家中走到何處，小寶就跟隨在旁。經常摸摸小寶的頭，幫牠全身按摩的阿美說：「很高興你來了，我們的心都開始舒服了。」

時間，可以讓我們放下過去的傷痛、恐懼。空間，可以讓我們再找到共同相處的舒適距離。當我們放下焦慮的心，同時給對方多點時間，我們都可以在關係中找到最舒適的相處。

總是不能好好陪你

任何問題，都有合適的解決方法。感覺受委屈、過不去的時候，為自己撐住，這是你的人生，無論如何都要為自己再努力看看！

六年前失去另一半的雯雯，為了家計，每天從早上六點開始工作，直到晚上十一點才能回到家裡。沒有孩子的雯雯，只有一隻先夫留下的馬爾濟斯——小勇，陪伴自己。

忙著工作的雯雯，每日都沒有太多時間陪伴、照顧小勇。因為住處是與人分租的，所以每天上班前，就得把小勇放在籠子裡，等到深夜回到家時，才能放小勇出來，一起玩樂一會兒。

不管再疲憊，雯雯每一天都要花一點時間陪伴小勇，共度短暫有限的時間。雖然想要一直陪主人玩樂的小勇，也會在十幾分鐘後，主動回到籠裡，看著雯雯就寢休息，準備四個小時之後，就得再起床準備出門搭車上班了。

知道雯雯生活辛苦的親友，偶爾會打電話來「關心」。但每一次的對話，都充滿了責怪，尤其先夫大勇的姊姊，都是打來數落雯雯沒把罹癌的大勇照顧好，所以大勇才會年紀這麼輕就離世。近期的對話，不但指責雯雯的照顧不當外，還把不懂得照顧的話題轉到了小狗身上，怪責雯雯沒好好照顧小勇。

「大勇妳不好好照顧，已經害了大勇了。現在留下來的小狗，妳每天都關在籠子裡，不能好好照顧，還虐待牠！」

「妳到底會不會照顧啊？人妳不懂照顧，怎麼連狗也不會啊？」

這些教人心痛的責罵，雯雯都只是靜靜的吞忍，不敢對大勇的

姊姊有任何反駁。

其他親友，也同樣給雯雯差不多的訊息。

「我們知道妳忙，工作辛苦，但狗不是這樣養的啊！」

「妳這樣是虐畜，妳知道嗎？」

「不能好好照顧，那就不要養啦！」

聽到這些話語，雯雯心痛不已。每一句話，都像針一般，刺進了雯雯的心。沒了先夫大勇，狗狗小勇已經是她的唯一了。每天只能這麼短暫的陪伴，雯雯也是不願意的。但大勇留下的醫療負債，還有平時生活的開銷，雯雯必須這樣工作才能賺到足夠的錢來支付。面對生活中很多的無奈，工作上的霸凌，財務上的拮据，支持雯雯繼續下去的動力，就是每一個晚上的那十五分鐘與小勇同樂的時光。

十多歲的小勇，其實也是老犬了，身體也開始退化。最近雯雯發現小勇開始食慾不佳，就算回來一起玩的時間，小勇也不再像過去那麼興奮、有精神。反而是幾分鐘後，自己就走回籠子裡，趴著看著雯雯。

「不舒服嗎？」雯雯擔心地問著小勇。「我們去看醫生。」心中千萬個念頭紛飛，想著如果小勇又需要一大筆醫藥費，如何負擔？自己已經應付不了目前生活的財政困難了。而且如果小勇不在了，自己還要為什麼而活呢？

隔天傍晚雯雯請了假，提早回家帶了小勇到獸醫診所去檢查。先夫大勇還沒離世前，他們每年都會帶小勇去做檢查，診所的獸醫，很熱心也很關心他們。是雯雯覺得除了大小勇外，在這世上，還會真心對待她，而不是指責她的人。

忙碌的診所，總是聚集了滿滿的主人與貓狗在等候區。雯雯到了診所後，也跟著預約的順序，抱著小勇靜靜的在位子上等候。

　　「小勇！小勇！」

　　「小勇的主人，到小勇了！」

　　「醫生可以見小勇了。」

　　突然從夢中醒來的雯雯，慌張的帶小勇進了診療室。

　　「不好意思，不好意思，我不知道怎麼了，睡著了。」

　　長期疲憊的雯雯，在坐下等候的幾分鐘後，便迅速進入了夢鄉，完全聽不到其他人的對談，甚至獸醫助護的呼喚。

　　看到過去熟悉的臉孔，雯雯累積的情緒，已經升到喉嚨。

　　「如何啊？都好嗎？」醫生問候著。「小勇今天怎麼啦？」

　　「小 ......」被情緒卡住的喉嚨，讓雯雯發不出聲音，一時答不上來。

　　「慢慢說，不用緊張，不是第一次看醫生啊。」

　　「呵呵！小勇都沒妳緊張。」

　　「我 ....」依舊說不出話的雯雯，雙眼泛紅，突然間情緒崩潰，大哭了出來。一旁的助護，馬上拿了面紙遞給雯雯。

　　「盡情哭，沒關係的。」醫生安撫著雯雯。

　　哭了一陣子的雯雯，很不好意思地看著大家。「真的很不好意思，我都不知道怎麼了，突然失控了。」

　　「妳辛苦了。」知道大勇已經離世的醫生說：「一個人，不容

易啊。」

慢慢轉身，開始檢查小狗。「小勇這次怎麼啦？」

「我也不知道，牠好像沒什麼精神、食慾。」

「小勇年紀也大了。」摸著小勇的醫生說：「椎間盤有點問題。會痛，所以精神也差了，不想動。」

一直擔心醫藥費的雯雯馬上接口：「是不是很嚴重啊？要很多錢醫治吧？」

醫生還沒來得及回答，雯雯馬上又說：「我昨晚想好了，我付不出太多醫藥費。我們準備好了，我跟小勇也說了。我們不麻煩醫生了。」欲言又止的雯雯，停頓了幾秒後，拿出了勇氣說：「其實……其實……今天我跟小勇，是來跟醫生道別的。我們要搬家了，以後就不會再來診所看醫生了！」

感覺語氣不太對的醫生，看了雯雯兩秒：「妳要搬去哪啊？換了工作嗎？要搬到外地去？」

「沒有，歐！對！換了工作，我們要搬到很遠的地方去了！」雯雯倉促地回答。

發現越來越不妥的醫生：「要搬到多遠的地方啊？遠到都回不到這邊嗎？」

「妳知道去到很遠的地方，也未必可以解決現在的問題歐！」醫生凝視著雯雯每一秒的神情。

雯雯臉部稍稍抽動了一下，心口好像被醫生的話語擊中。放棄了再找其他藉口，雯雯說了出口：「醫生，謝謝你這麼久的照顧。但我真的無法再繼續了，我也沒人好傾訴。我其實決定了，跟小勇，今晚見完你以後，就離開這個世界。」說完後，眼淚馬上滴了下來。

一旁的助護，幫忙遞上了面紙，拍撫著雯雯。

「不要傻啦！」一向都會跟雯雯有說有笑的醫生，用溫柔的語氣，安慰著雯雯的心。「不要讓那些討厭的人，逼得自己沒路走。我們過自己的，有小勇，這邊也有大家，一起陪妳。妳不是一個人，是有很多人的支持的！」

「謝謝！謝謝！」雙肩顫抖抽泣的雯雯，勉強擠出了幾個字。

「小勇的問題不大，未來還有很多的日子要妳陪牠玩。不要輕易放棄，好嗎？」

看著醫生堅定的神情，再看看抱在助護手上的小勇，雯雯深深地吸了口氣：「好，我為了小勇，為了大家，我可以繼續下去的！」

「好！我們一言為定。兩個禮拜後，帶小勇過來歐！」

「好的，我會照顧好小勇的！我再帶牠過來！」

雯雯突然間覺得心口鬆了，好像找到了繼續下去的感覺。不是那麼的失落、迷茫。醫生的話語，給了她很大的鼓勵。這個世界，不是只有自己跟小勇，還有其他人在一旁支持的。

內心舒服了，雯雯抱著小勇，親了親牠：「我們其實沒那麼孤單，還有醫生跟姊姊們支持我們！一起努力吧！」

小勇也親膩地舔了舔她的臉，像似回覆了雯雯。

自己的生活、和他人相處的關係，只有自己最清楚。
別讓其他人的話語、意見，影響了自己的生活；不讓
別人的看法，干擾了只屬於自己的幸福。只要我們嘗
試讓自己打開內心，接受不同的可能性，那麼就能順
利在不同的關係裡，進行良好的互動。

03

為愛再次勇敢

儘管很努力了，還是遇上痛苦難過的事，那麼，就要一直這樣失落和挫折下去嗎？沒有誰是天生完美，做的任何事都一點不出錯，自責懊悔只要一下下，立刻調整情緒模式，冷靜去找出解決當下問題的方式，為自己、也為那個愛自己的人勇敢。

與妹妹同住的 May，多年前與妹妹一起飼養了 BB，全身棕色的科基犬，唯有四隻腳是白色的。May 第一眼看到 BB，就特別喜歡牠短短的小腳，帶著棕色的身子跑起來的樣子。崇尚天然有機，喜歡烹煮的 May，也每天為 BB 用心打理每一餐的食物。全部的食材，都是有機食品，每一頓的飲食，也都是用心搭配出來的。

每一天 May 都會花很多時間，選購 BB 餐飲所需的食材，之後回家再慢慢用心清理、烹煮每一道料理。相信只要吃天然有機無毒食物，身體就一定會健康無病。秉持著這樣的健康保養理念，BB 在 May 用心照顧下，多年來都沒有不舒服、或是生病。May 也感到非常自傲，能夠讓自己的理念，貫徹在生活中。

May 每天都會抱著 BB，告訴牠：「媽咪真的很愛你歐，每天都煮好吃的給你吃，你才會健健康康。」

BB 也都似懂非懂的聽著，然後擺動著尾巴，舔了舔 May。一旁看著的妹妹，都會打趣的問：「妳每天這樣跟牠說話，牠真的聽得懂嗎？」

不管 BB 是不是真的聽懂，May 相信每天用心準備的食物，狗狗一定感受得到。「每天說，應該會懂的！就算聽不懂，每天吃得那麼開心，應該也是懂我的用心。」

「哈哈，看得出來，BB 都被妳養的好像一顆小球。圓圓的身體，短短的腳。」

「這樣才可愛不是？妳看牠跑起來，特別可愛！」May 開心的讚賞著心中的寶貝。

「有妳這樣的好媽咪，BB 才能吃得開心，過得舒服。」

聽到妹妹的讚許，May 笑得眼睛都瞇起來，抱著 BB 讓小狗舔著自己的臉。「明天想吃什麼呢？可愛的小 BB！」May 開始為明天的菜單計畫。

這一天，May 也是如常去買了有機新鮮食材回來，用心處理每一個烹煮的細節，為 BB 準備豐盛的晚餐。

「好嘍～今天的大餐煮好了，快來吃歐。」

BB 緩緩的走了過來，不如往常像一個小球般，用四肢短短的小腳急奔過來。

「今天比較累嗎？」May 發現 BB 反應不平常。「吃吃媽咪煮的大餐後，你就會有精神了！」May 心想可能小狗今天吃不夠，沒有足夠精力。

BB 舔了舔 May 準備好的食物，咬了一點點，又吐了出來。

「不好吃嗎？之前媽咪煮這道，你很喜歡啊。」May 不太明白 BB 今天對食物的反應。一直以來 BB 都會很開心地吃光每一餐。

May 用湯匙挖了一些食物遞到 BB 前面。「來，媽咪餵你。」小狗看了幾秒，舔了一下，又把頭轉開了。

「怎麼啦？是不是不開心啊？」

「等一下媽咪再給你吃你最喜歡的零食。先吃完飯好嗎？小寶貝不生氣，快快吃。」

BB 看著 May，緩緩地擺著尾巴。「來，吃一吃，媽咪餵你。」

小狗依舊無動於衷，對今天的大餐沒有興趣。

　　剛回到家的妹妹，看著跪在地上餵小狗的May，驚訝地問：「怎麼了？現在要用湯匙餵？」

　　「BB今天不知道怎麼了？都不吃我煮的大餐！」May悶悶的說。

　　「是不是牠不喜歡吃這些啊？」

　　「不會的，今天準備的，都是牠一直以來最喜歡的。」

　　「還是牠不舒服？生病了呢？」妹妹問。

　　「怎麼可能？牠每天都吃得那麼健康，都是有機的，我親手煮的。」May否定妹妹的猜測。

　　「吃得好，也不保證都不生病吧？不然帶去給醫生看看？」妹妹建議。

　　「不用啦！BB可能就是今天心情不好，可能是我出門太久了，生我的氣。」

　　「歐！」妹妹了解姊姊的個性，再繼續討論，May也不會轉變想法。

　　「可能等一下就好了。」May安慰著自己。「不然BB你先去玩，等一下再來吃。」May摸了摸小狗的頭。

　　一星期後，BB仍然沒有好轉，消瘦了許多，神情憔悴。憂心的May終於在妹妹的建議下，帶了BB去獸醫診所就診。

　　「BB這樣情況多久了呢？幾天沒進食了？」獸醫問。

　　「大約一個星期了。」

「這麼多天了？怎麼今天才帶過來啊？」獸醫驚訝的問著 May。

「我覺得牠應該就是不開心，跟我鬥氣，所以不吃我煮的飯。」May 委屈的說著。

「牠的情況已經很不好了，拖太多天了。」獸醫皺著眉頭，一邊檢查，一邊回覆著 May。「我們需要幫牠做更多檢驗，確認病因。」

「怎麼會這樣？我都是給牠吃最好的，全部是有機的，都是我在家親手煮的，不可能會生病啊！」May 堅持著自己的理念。

「生病的因素有很多，不一定只跟飲食有關係。」獸醫繼續幫 BB 做檢查。「麻煩先到等候區等等，我們會再做多一點詳細的檢測。」

經過一番檢測後，助護請 May 再進入診療室，了解 BB 的病情。

「BB 真的生病了嗎？」May 依舊不願相信。

「是的，情況很嚴重。尤其耽擱這麼多天，現在很棘手。」醫生嚴肅的回覆。

看著趴在診療檯上的 BB 精神不濟的樣子，May 心痛不已。「媽咪對不起你，媽咪沒有要讓你這麼痛苦。」May 流著眼淚摸著 BB。

BB 看著淚流不止的 May，嘗試著抬起頭，但身體已經沒有力氣，只好又趴回診療檯上。

用心照顧的寶貝出了狀況，自責不已的悔恨，有時比別人的責備更過不去。真愛，是無限包容的，這「包容」裡，也包含了犯錯。那麼被錯誤懊惱包圍的你，更沒有藉口繼續沉浸在失落挫敗的氛圍，請緊緊抓住愛給的救生繩，努力以赴吧！

04

只有你會聽我說

當過去的經驗，為我們留下痛苦的回憶時，別讓勇氣也消失。告訴自己再試試，用心重新去感受自己的情緒，找出最佳的方式來療癒內在，讓自己可以放下以前的痛苦，用更好的自己來面對不同的關係、情感。

在會計事務所上班的阿強，結婚十多年，有一子一女，還有一隻巴哥犬，及一間供著貸款的房子。看似圓滿的家庭，卻是讓阿強覺得寂寞的來源。幾年前開始，上小學的孩子們也不太跟阿強互動，另一半更是經常不理會自己。阿強從一開始氣憤，到後來的無奈。雖然是一家人，同住在一個屋簷下，卻是與阿強幾乎沒什麼對話。

曾經嘗試打開溝通的管道，與另一半溝通的阿強問：「有什麼問題嗎？為什麼你們三個都這樣對我？大家不能像一家人，有說有笑嗎？」

「那你得問問你自己啊？是誰搞成這個樣子的？」

「那妳說，我怎麼樣？我辛苦賺錢養家，回家來，還要受你們的氣？」阿強提高音量。

「你自己想想看吧！每一次都把情緒帶回家在家裡爆炸，誰受得了啊？」已經不想再對話的另一半，早把多年來累積的委屈，轉化成漠視。

「那你們就自己過你們的。」阿強又瀕臨爆炸的怒點。轉過頭看著在餐桌吃飯的兒子：「你說，爸爸哪裡對不起你們了？」

聽到阿強兇惡的詢問語氣，兒子放下手上的筷子，默默的低下頭去。

「你說啊？怎麼不說話！」阿強憤怒地問著。

兒子依舊默默看著桌面。

「你看，你這樣誰要跟你說話！」已經習慣了這種場面的另一半，冷冷的說，繼續吃著自己的飯。

感覺被羞辱的阿強，更是生氣了。看著坐在另一邊的女兒，強壓怒氣問：「荳荳，妳說，為什麼都不跟爸爸說話？」

已經被整個情況驚嚇到的荳荳，情緒也按捺不住，到了潰堤的邊緣。

「荳荳！說話啊！」失去耐性的阿強，看著眼睛已經泛淚的女兒。

「哇！」抑制不住眼淚的荳荳，忍不住大哭了起來。

對著大哭的女兒，阿強一直以來也拿她沒有辦法。轉過頭看著縮在一旁的狗。

「小強，過來！」

雙耳下垂的小強，看了看阿強。

「叫你過來！」

只要聽到阿強命令式的語氣，小強一向都會遵從，馬上走到阿強腳邊，吐著舌頭，黑大的雙眼看著主人阿強，等待著下一個指令。

「還是只有你聽話。」阿強怒火稍微消了一點。

看著自己的家人，再看看小強，阿強又開始不悅：「走，我們出去散步，我帶你去外面走走。」不想再繼續跟家人共餐的阿強，幫小強套上了狗鍊，拖著狗兒往外走。

帶著小強走在街上，阿強喃喃叨唸著，一個人對著小強說話。

「就只有你最乖，會聽我說。」

「他們幾個都無情無義，我那麼辛苦，卻這樣對我。」

「我有什麼問題嗎？不就是要一個家嗎？」

「做家人要這樣嗎？我有很兇嗎？」

……

一路上，阿強對小強說個不停，彷彿向知心好友訴苦。

「我跟你說，我這叫兇，那是他們沒見識過我爸。如果是剛剛那樣情形，餐桌都已經翻了。」

「我小時候，也不能不出聲，哭還會被打耶。」

就這樣，阿強一路叨叨絮絮，跟他唯一的伴敘說自己的心聲。

成長過程的經歷，往往影響深遠，其中一種叫「複製」，複製同樣的情境而不自知！試著去找出釋放傷痛的方式，才能療癒過去，重新開始每一段關係，以更好的姿態成為「對」的人，陪伴身邊親愛的人們。

你只是太在乎

總覺得自己不夠努力，害怕別人失望的眼光？其實你只是太在乎、太敏感！適時調整自己的敏感度，不要讓別人的看法，輕易動搖了內在的情緒、自信。

心慈喜歡把自己最好的一面，呈現給身邊的每個人。她總是把自己打扮得很漂亮，穿著、飾品都很講究。當然，她最心愛的馬爾濟斯——珍珠，也是跟她一樣，每天都是用心打理。

喜歡邀請朋友到家中聚會的心慈，每次在朋友來之前，都會把家裡打掃得乾乾淨淨、一塵不染。而聚會主角之一的珍珠，也會特別打理一番。從洗澡、剪指甲、修剪毛髮，到綁上飾品、緞帶等等，一切小狗美容院有的服務，幾乎都會享用。珍珠雪白色的毛，在梳洗保養過後，透著一層光亮的感覺，在頭上用粉紅色的小緞帶綁起兩個小辮子，脖子上還套著一個可愛的紅色蝴蝶結。珍珠看起來，就像一個小玩偶，可愛得不得了。

客廳裡，還有一個珍珠專用的小坐墊，在兩排沙發的正中間，心慈朋友來時，珍珠就會坐在大家的中心。珍珠也喜歡這樣被包圍、關注的感覺。

每週三的下午，又是好朋友們相聚、聊天的時刻。心慈把家裡打掃了一番，珍珠也到美容院打理得漂漂亮亮的。兩個都準備好了，等待下午朋友的到來。

「哇！珍珠好可愛歐！」心慈的好朋友，恩姐誇讚著。

「真的耶！兩個小辮子，綁得好好看歐！」秀慧開心的說著。

「今天脖子上不是蝴蝶結，是可愛的小手帕耶，好漂亮歐。」羽欣誇讚。

「謝謝！謝謝！珍珠謝謝姊姊們。」心慈內心歡樂不已，幫著心愛的小狗，謝謝大家的讚賞。

「聽說現在小狗的照顧，不比我們照顧自己的功夫少耶。」秀慧提出。

「對啊，牠們也都要吃很多保健品，還有很多主人也都用有機食品餵養。」恩姐也加入分享。

「是啊，除了打扮得好看外，還要把健康照顧，全面的做好，真的是要很用心耶。」羽欣也參與了話題：「珍珠打扮得這麼用心，相信心慈也有給牠很多營養品吧。網路上經常看到很多主人，都會這樣做。」

「是啊......」對於小狗的營養保健，心慈並沒有太多的了解，但一切都想做到最完美的她，對於好友的關心，開始感覺到焦慮。

「而且餵食的天然飼料，也分好多種耶。有些品牌，還特別宣稱品質有多不同，食材來源有多好、多天然，看了我都心動了。」羽欣雖然沒有養狗，對這方面的資訊，也是看了不少資料。

「是啊......是啊......」心慈開始感受到壓力。雖然平時給珍珠吃的糧食，是寵物店裡說最好、最貴的，但是自己從來沒有看過成分，不知道是不是有符合好友說的那些特色、規格。「我也都是買最好的給珍珠。」

「對啊，我還聽說現在的狗狗，除了像珍珠這樣會去寵物美容外，還有寵物健身呢！據說有游泳課程呢。」恩姐說著自己聽到的訊息。

「真的啊？」心慈第一次聽到還要帶狗狗去游泳的訊息，感到很自責，為什麼自己沒有帶珍珠去呢？應該什麼都要給珍珠最好的才是。

「是啊。妳不知道嗎？」恩姐說著：「珍珠也該去運動一下吧。打扮漂亮，沒有健康的身體，也是照顧的不全面歐。」

「珍珠，明天我們就去報名。」很在意他人看法、評價的心慈，不能接受自己沒有將最好的都給珍珠。

「不用急啦！恩姐就是說說而已啦！」看著心慈已經開始焦慮的秀慧，趕快安撫一下心慈緊張的心情。

「對啊！對啊！我說說而已啦！」恩姐也馬上加入安撫，多年的朋友，大家都清楚心慈非常在意自己沒做到的事情。

「是啊，珍珠真的已經照顧得很好了。」羽欣也一起幫腔。「珍珠真的好可愛歐。」摸著小狗的頭。

珍珠開心的搖著尾巴，大大的雙眼，看了看羽欣，看了看心慈。

「真的嗎？」心慈開始沒了信心，對珍珠的照顧，覺得還有很多沒有做到、沒有做好。

「已經做得很好了啦！」

「對啊，妳看珍珠，多開心。」

「不要擔心，有的是機會，之後再帶珍珠去就好。」

感受到好友們用心的安慰，心慈感動得雙眼泛淚。「謝謝妳們，我真的很擔心我沒有照顧好珍珠。」用面紙拭著流下雙頰的眼淚，心慈繼續說：「我真的已經很用心去看大家都在做什麼，給什麼最好的給狗狗。我真的很努力照顧了。」

「我們懂，不要擔心。」好友們拍拍心慈。

隨時給自己按個讚吧！肯定自己的用心付出，肯定自己的真心照料，可以讓自己的信心提升。

不要讓他人不負責任的話語、意見，輕輕一擊，就打碎自己的玻璃心。

06

你有哪邊不舒服嗎？

因為關心，因為在意，因為擔心，然後變成各種負面想法，總是讓你越來越焦慮 …… 快停止這些無意義的胡思亂想，畢竟，什麼都沒像你所想的那樣發生，什麼都沒發生啊！先讓自己的內心感受到關愛、呵護，我們才有正面的能量，給予所有我們愛的人。

對身邊每一件事情都特別細心的珍珍，也把這份用心放在照顧小狗身上。過了五十歲後，單身的珍珍在一個機緣巧合下，遇到了這隻總是充滿活力的傑克羅素梗，從來沒有一刻肯停下來好好休息的「小火球」。

小火球整天跑來跑去的，有時候會跑得自己喘氣頻頻，需要大力呼吸，偶爾喉嚨裡好像還卡著口水，需要大力咳出來。這樣的情形，常常讓珍珍感到很憂心，害怕小火球會不會哪一天身體出了問題。因此，珍珍也經常帶著小火球，到不同的獸醫診所求診。因為大多數的獸醫都告訴珍珍，小火球沒事，但容易擔心的珍珍不肯相信，她覺得每次小狗這樣的狀態，一定是有問題的，哪天要是突然病發，她會非常害怕的。

這一天，珍珍又帶著小火球到了最信賴的獸醫診所就診。這家診所的醫生，最得珍珍的喜歡，因為他肯花時間聽珍珍說話，也用心與珍珍討論小火球與珍珍的問題。

進到診療室，獸醫親切地問著：「今天小火球怎麼啦？」

「還是老樣子，沒有好過啊。」珍珍委屈的說。

「沒好過？」獸醫好奇的問：「之前有什麼問題嗎？我記得上次我們說牠沒有問題啊。」

「對啊，每次你都說牠沒問題，可是我每次看牠這樣玩，都覺得好危險，會不會哪天牠突然喘不過氣，還是說這樣跳來跳去，跳

到腳關節受傷。」

「小火球這種類的狗狗，本身就是比較活潑，是會這樣跑來跑去的嘛！」獸醫笑笑著說：「牠才剛過一歲，還是精力旺盛的。」

「醫生每次都這樣說！」珍珍有點不服氣：「上次也是說牠還小！」

「牠確實才剛剛過了一歲啊！」獸醫搔著頭。

「我就是知道你會這樣說，說牠都沒問題。所以我去找了另一個醫生，他很厲害歐，他就知道問題所在！」

「問題所在？」獸醫不解的看著珍珍。

「對啊！那位另類療法的獸醫，他用不同的方式幫小火球看身體。他說小火球就是身上的火太旺，所以一直動不停。也因為火太旺，所以情緒也是屬於比較焦躁、急躁，才會整天這樣跑跑跳跳，沒有一刻能好好停下來。」

「歐！」獸醫一時不知道怎麼回覆。

「你看！」珍珍從袋子裡拿出了一張「藥單」：「上面都有寫著小火球需要的藥，吃這些小火球病就好了。」

「病就好了？什麼病？牠沒病啊！」獸醫疑惑。

「就是火太旺啦！醫生你不懂啦！」珍珍開始不耐煩。

「歐！那妳今天來這裡是要？」

「給你看看那位醫生開的藥單啊！」珍珍語氣轉柔：「你看看有沒有問題？」

「這些不是西藥啊！也不是中藥，應該是花精吧？」獸醫問。

「呵呵！我就知道問你就對了，你什麼都知道！」珍珍開心起來，彷彿找到了知音。

「那小火球吃了嗎？反應如何？」

「反應很好啊！」

「所以妳看到了改善？」

「沒有啊，小火球還是這樣跑來跑去、到處亂跳，整天喘。」

「那反應很好是在？」獸醫越來越不明白。

「就是 …… 就是 …… 反正我覺得牠開心了，舒服很多。」

「如果沒有不良反應，那不妨繼續試試看？」獸醫問珍珍。

「真的嗎？可以？所以這對小火球好，對嗎？」珍珍越來越開心。「我真的非常擔心牠，好害怕哪天牠喘不過氣，還是會有什麼

慢性病，或是跑一跑，突然心臟停了。或者，其實是心情不好，才需要這樣一直跑，才能覺得舒服⋯⋯」

獸醫靜靜地看著珍珍。

「醫生，我還有讓小火球做其他療癒法。」珍珍越說越興奮。

「做了什麼其他的呢？」

「我們給牠做按摩、靈氣，還有跟牠溝通耶！」珍珍滿臉笑意：「所以牠才這麼舒服，你看牠，越來越有改善了。」

看著在珍珍懷裡鑽來鑽去，尾巴搖個不停的小火球，醫生默默地點了頭。

「那我繼續帶牠去做這些另類療癒歐？」彷彿得到認同的珍珍，興奮地確認後，撫摸著懷裡的小火球：「你有哪邊不舒服嗎？媽媽都帶你去治療。」

焦慮不安是一種可怕的習慣，千萬別讓自己養成這種負面思維。在關心別人之前，給自己多點關愛，多點照顧，擺脫動不動就恐慌的思考模式，可以讓我們不再陷入焦慮的漩渦。

07

每天總是忙不完

當我們只是一心付出，沒有同時滋養自己時，健康、體力很快會被掏空。想要給家中的夥伴更完善的照顧，我們需要先讓自己有足夠的健康、體力，才能夠有效的照料好身邊的每一個寶貝。

經營網路商店的芮娜，全部的貨物進出都在家裡打理。每日除了進貨、點貨、出貨，整理網上訂購的帳單，整理網路商店的新舊貨品資訊，還得回覆一堆客人的詢問、訂單。忙著事業的她，還得兼顧另一半與女兒的三餐，除此之外，富有愛心的芮娜，還需要照顧家中十二隻貓咪。這些毛孩，都是在外流浪，被收留後再轉到這邊。每次看到義工們幫忙找尋新家給貓貓時，芮娜經常都會忍不住，再多接一隻回來。

每天早上，在另一半跟孩子出門前，芮娜就得起床準備好早餐。之後就開始忙碌的一天，從開始整理貓兒們的早餐食物，生病貓貓的餵藥，清理貓砂盆，摸一摸每一隻小貓。給每個毛孩滿滿的關愛後，芮娜就得開始網路商店的工作。

從接收訊息、郵件的處理，訂單整理、確認，之後的包裝、出貨，這些事情一忙下來，經常到了下午，芮娜都還沒時間可以吃午餐。雖然忙碌，但可以在家跟貓貓們一起工作的芮娜，卻是感到非常幸福。不管是在電腦前處理文件，或是坐在地上包裝貨品，貓兒們都會輪流來到芮娜身邊。有時用身體磨蹭芮娜，有時走過用尾巴掃一掃芮娜，甚至有時會直接跳到芮娜的腿上，趴在上面撒嬌。

看到貓貓們這樣的貼心可愛，芮娜覺得自己的辛苦都是值得的。然而隨著貓兒們年紀增長，芮娜帶著不同的貓貓去獸醫診所治療的頻率，也越來越頻繁了。有時每個月帶回複診就可以，有時候卻是每一週都得帶過去，甚至偶爾有貓貓病情比較嚴重，需要天天

帶到診所治療。

每一天的行程，都被這些工作填滿了，到了晚上，芮娜還得張羅晚餐給另一半與女兒吃外，照顧貓貓們的例行公事，也得重複一遍。眾多的貓貓在家裡，難免有時玩得興奮過頭，還會相互打架。這時芮娜還得當協調者，分開打在一起的小貓。

「你們眞的是太頑皮啦！」芮娜總是笑笑的說。一向不忍心指責小貓或女兒，有什麼不妥，就多說幾次，是芮娜的堅持。

從早忙了一天下來，等到大家都吃完晚餐，餵完藥物後，也都夜深了。每天總是忙不完的芮娜，直到上床那刻，都沒有停歇過。躺在床上準備睡覺的芮娜，總會跟圍繞著她躺著的貓兒們說：「晚安啦，小寶貝們，大家好好睡，也讓媽媽睡一下。」貓兒們似懂非懂，都會先安靜的趴著。

但往往到了半夜，貓兒們又會跳來跳去，有時相互玩鬧、追逐，有時是換另一個地方睡覺。

但這樣在床上動來動去，經常會弄醒睡夢中的芮娜。芮娜一個晚上通常都會醒五到六次。隔天早上起來變得全身疲憊，但爲了準備早餐，又必須將自己叫醒。身體經常處於休息不夠的狀態。

直到有一天，芮娜醒來時，深感腰部非常疼痛，馬上搭車到醫院就醫。

做了一系列的檢查，見醫生聽報告時，醫生很嚴肅的說：「妳必須要好好休息養病嘍，指數都不太好，身體也過於疲憊了。」

「是啊，我都好想好好休息。」芮娜無奈的說。

「不是想而已了，身體已經出了警訊，必須休養，不然以後會更嚴重，就更難控制病情了。」醫生再次警告。

「但家裡的貓貓都不給我好好休息。」

「貓貓不給妳好好休息？半夜會干擾妳嗎？」醫生不解地問。

「對啊，牠們半夜都會跳來跳去。」

「牠們跟妳一起睡？」醫生驚訝的問。

「是啊，十二隻都會跟我，牠們都要黏著我。」

「這樣真的不行啦，太影響妳的作息，身體會受不了。」醫生語重心長的勸著芮娜：「分開睡吧！先養好身體，不然怎麼照顧貓貓？」

有了健康的身體，我們才有能力給身邊的夥伴更多的照顧。照顧自己的健康，與照料家中的成員，是可以同步進行的。先把自己照顧好，才能給予寶貝們更好的照顧。

08

再給我一次機會好嗎？

生活總是有很多無奈，有時因為太用力爭取目標時，我們會忽略了身邊的陪伴。讓過去成為心中的祝福，為將來珍惜每一段到來的緣分。

莉紋在一間大公司任職高階主管，每天除了上下班外，都會回家陪伴心愛的小貓——貓劍客。金黃色的毛，一對大大的眼睛，莉紋覺得貓劍客好像電影卡通裡的角色。一對會騙人的眼睛，常常在咬壞東西後，都讓莉紋不忍心唸牠。

幾個月前，公司獎勵莉紋優越的表現，升職她為整個部門的總管。因為職位的改變，莉紋手上的工作突然多了一倍，原本上班的時間都不夠用，經常需要加班到深夜。

深怕貓劍客沒人照顧，莉紋請了一位家庭幫傭，專門照顧貓劍客跟打掃家裡。莉紋自從換了職位，每天天還沒亮就得出門，回到家後，基本上已經累癱了，直接躺到床上就睡昏了。

到家裡幫忙的蘇珊，平常也都將家中打理得乾乾淨淨，更是將莉紋最寵愛的貓劍客，照顧的無微不至。從飲食到清理大小便，蘇珊全部都做得讓對事情要求很高的莉紋非常放心。

有一天，加班到深夜才回到家的莉紋，開門後看到平常這時間已經休息的蘇珊，居然在客廳等著她。莉紋好奇的問：「蘇珊，有什麼事情嗎？」

「貓劍客好像不舒服，今天不吃飯。」蘇珊擔憂的跟莉紋報告。

「我看看。」已經沒精力去擔心的莉紋，擠出最後一點精神。

看了看貓劍客，莉紋也發現牠精神狀態很差。

「麻煩明天幫我帶牠去獸醫診所，我明天早上有很重要的會議，不能請假。」

「好的，沒問題，我明天一早就帶牠去看醫生。」

看完醫生後，蘇珊告訴莉紋，貓劍客需要吃藥與長期觀察。會議中的莉紋，無法分心再多問一些，指示了蘇珊好好照顧，心思也無法多放在了解貓劍客的情況，因為會議中的問題，已經給莉紋很大的壓力。

之後的幾天，應付著這陣子需要趕出來的案件，莉紋忙到焦頭爛額，完全沒有時間去理會其他任何的事情。回到家時，也只能很快看貓劍客一眼，就馬上倒到床上睡覺，準備在短短幾個小時後，再次起身繼續完成手上的任務。

這一天，從早到晚有開不完的會議、接不完的電話、還有上百封需要回覆的郵件，莉紋完全沒有時間再看手機的簡訊。眼角偶爾瞄到好像蘇珊不停的傳訊息過來，但面對外國來的客戶，還有處理中的問題，莉紋心想：等晚一點都結束後，再看看就好。

整天忙碌下來，又是到了深夜，莉紋才能回家。在車上的她，已經是半昏睡狀態，沒有力氣再看電話上的任何訊息。直到回家，一開門，便看到蘇珊抱著貓劍客，哭腫了雙眼。

「怎麼啦？」原本睡意十足的莉紋，突然驚醒了過來。

「貓劍客......貓劍客......牠......」蘇珊哭著說不出話。

莉紋一時腦袋空白，完全不能處理當下的情況。

「妳說牠怎麼了？」莉紋一時接受不了蘇珊嘗試表達的訊息。

看到莉紋回來後的蘇珊，已經崩潰大哭，沒辦法繼續對話。

　　莉紋慢慢的走向蘇珊，抱起了懷中的貓劍客，雙眼已不停的流著眼淚。

　　哭了一陣後的蘇珊，慢慢地整理失控的情緒：「我今天發現牠情況不對，馬上帶了貓劍客去獸醫診所。醫生看到，馬上做急救，但是最後還是沒有辦法。然後我就傳訊息給妳，知道妳今天會很忙，也不敢打電話打擾妳。」

　　聽到這震撼的消息，莉紋還是無法相信，自己懷中的貓劍客，突然就這樣離開了，心中開始後悔不已。

　　「對不起，都是我不好。沒能好好照顧你！」莉紋開始哭著自責。「我這幾天真的太忙了，回到家都沒能好好看看你。」

　　開始嚎啕大哭的莉紋，除了狂流不止的眼淚，聲音也幾乎是嘶吼一般。

　　一旁的蘇珊，第一次看到平時冷靜、優雅的莉紋，突然崩潰的

樣子，不知道如何安慰好。

莉紋哭得淒慘，彷彿是把失去貓劍客的痛，還有這一陣子的壓力、痛苦，都一起哭了出來。

大半個鐘頭過後，莉紋也哭累了，眼淚慢慢收起了。蘇珊在一旁靜靜的陪伴，希望安安靜靜待在莉紋身邊，就是這時候給她的最大支持。

心情稍微平復後的莉紋，感謝蘇珊的用心：「謝謝妳，這陣子辛苦了，幫我照顧貓劍客。」慢慢恢復平日的優雅。

摸著懷中的貓劍客，莉紋淡淡的說：「對不起，是我把我們的生活打亂了。我不應該接這個工作的，害我們沒有了相處的時間。」

莉紋吸了一口氣：「再給我一次機會好嗎？回到過去，我不會犧牲我們的時間，換取更高的職位。我錯了！原諒我！」

不讓自責蒙住自己的心，流淚之後，真心祝福寶貝前往下一段旅程，自己也要繼續往前。

學習信任，放下不安

學習信任，可以讓我們打開自己的心，放下心中的不安，開始感受到關愛。

月梅飼養從小皮膚就不好的布丁快十年了，看了無數醫生，跑了好多診所，都未見改善。小狗布丁全身鱗片般的碎屑，上面覆蓋著稀疏的毛，經過這麼多年不停的醫治，讓月梅幾乎沒了信心、看不到希望。

這一天，月梅帶布丁到了一個朋友推薦的獸醫診所。據朋友說，這間診所的獸醫，對於醫治皮膚病很有經驗。所以月梅決定再試試看，希望布丁的情況，真的能夠有所改善。

進到診療室的月梅，看到放在醫生桌上一大疊厚厚的病歷，想著自己這幾年來到處奔走，為了布丁的皮膚，也是很辛苦。

「布丁看了很多醫生，用過很多不同的藥歐。」醫生指著桌上的病歷，幫布丁檢查著皮膚，同時問月梅：「布丁現在都吃些什麼呢？」

憑著多年的經驗，月梅已經事先把所有醫生可能問的問題，答案都寫在一張紙上。

「這麼多年，給布丁的食物有沒有改變呢？」醫生看著目前布丁的飲食內容。

「沒有啊，多年來我都是餵牠吃這款糧食，寵物店的老闆介紹的，說布丁吃這款最好。」

「可能要幫布丁做個敏感源測試，看看有沒有對哪些食物有過敏反應。」醫生建議。

「不用了啦。」月梅開始不悅。

「之前在哪邊做過了嗎？」

「沒有。我從來不讓布丁做這些測驗的，沒用！」月梅覺得醫生就是要賺她錢，讓她做很多很貴的測試。

「不做這類測試，我們很難知道布丁對什麼食物敏感，因此而影響到皮膚。畢竟這麼多年都沒有真正好轉。」醫生跟月梅解釋。

「這些測試都沒效啦。開一開藥就可以了。」

「開藥？沒有確認引起皮膚問題的因素，我們很難對症下藥做到改善。」

「你看過病歷啦！之前的醫生不都是這樣開嗎？就開開止癢的藥吧！」

「是啊，看了病歷。是看到很多。」醫生嘗試跟月梅解說：「但布丁的皮膚，還沒有真正改善吧？妳看牠好癢、好辛苦的樣子。」

「你不能就看牠的狀況，開一開藥就好嗎？你是醫生耶！」月梅語氣開始加重。

「如果不知道是否有其他原因，影響布丁目前的情況，真的很難對症下藥。從這麼多病歷看來，布丁已經試過很多的藥了。」

「對啊！沒有一種有用啊！每次吃都沒有效。」

「一點改善都沒有嗎？照之前醫生開的劑量、次數餵。」醫生再次確認。

「沒有啊，一點都沒好過。我餵了幾次，都沒看到改善，就不想讓布丁吃這麼多對身體有副作用的東西了。牠皮膚有夠差了，不可以給牠這麼多藥進到身體裡。」月梅強烈抗議。

無法跟醫生達成共識，是這幾年來，月梅到每一個診所的共通情況。

回到了診所等候區，月梅皺著眉頭開始唸著：「什麼有經驗醫生，還不都是沒用。」

「這醫生真的很有經驗耶！」坐在一旁的婦人開口。

月梅轉過去看了看，這位婦人手上抱著一隻與布丁同一品種的小狗，茂密柔順的毛，覆蓋全身，好像一隻可愛的小熊。

同時婦人也看到布丁，關心地問著：「牠這樣多久啦？旺旺以前的皮膚，也是這樣。」婦人摸著懷裡毛茸茸的小狗。

月梅好奇的問婦人：「妳的小狗皮膚後來怎麼好的？看這個醫生嗎？」

「對啊，就是到這邊，才找出讓牠皮膚敏感的原因，改善了飲食後，慢慢就好了。」婦人說著，親了親旺旺。「媽咪那時候真的好心疼歐，還好後來我們來這裡看醫生。」

半信半疑的月梅繼續問：「那醫生開什麼藥呢？是不是也開一些止癢藥？」

「旺旺很幸運，沒吃藥，就是改變吃的食物，沒想到就好了耶！不過醫生也說每一隻動物的原因都不一樣，有些是要吃藥的，我的小旺旺，就剛好不用。」

「真的啊？這麼好。布丁可是吃了好多年的藥，都沒好過！」月梅抱怨。

「這醫生很用心的，那次旺旺就是做了敏感源測試，之後醫生很詳細地解釋了報告，告訴我要用什麼食物給旺旺，要避開餵牠什麼東西，之後就慢慢改善，到今天這個樣子，妳看！多可愛。」婦人又開始親吻小狗。

「真的可以改善嗎？這些測試不都是診所想多賺錢而已嗎？」月梅內心開始動搖。

「做測試不是都要錢？這邊算不貴的了。我們之前還做過很貴的。」婦人一臉迷惑的看著月梅，不太懂月梅的觀點。

「我們是不是要試試看？學習信任醫生？」月梅看著布丁。

我們常常因為內心的擔憂、不安，讓自己無法放下心中的成見，學習去信任。當用心照顧寶貝時，嘗試看看，打開自己的想法，找出最合適的照顧方式，讓牠們得到最好的照料、療癒。

當不被內在的不安給綁住時，我們可以更輕鬆的面對眼前的問題，也能夠讓自己卸下心防，打開內心來面對不同的關係。

10

拋開偏見，做對的抉擇

偏見的可怕之處，可能因此而「好心做壞事」，讓自己和周遭人全都吃苦受罪。調整自己的內心情緒，可以讓我們更客觀感受身邊的事物，找出最合適應對的方法。

「古比」從小就消化系統差，主人帶牠看過了多家獸醫診所，都沒辦法為這隻小狗改善這個問題。古比是隻米白色的小型犬，經常因為大便稀黏，拉完後都會有一些不小心沾黏到屁股上的毛。這個情況，也讓主人稀稀感到非常困擾。

三歲的古比，除了這個問題，其他方面都讓稀稀非常滿意。每次帶出門，都是眾目的焦點，大家看到都想跟牠拍照。古比的個性也是非常溫和、乖巧，帶出門都不會亂叫之外，稀稀教的趴下、握手、站立等不同的小技巧都做得很好，古比每次讓稀稀在朋友面前，都非常有面子。

但最近小古比的腸胃又更差了，除了拉肚子之外，食慾也開始變差，整個精神都很憔悴。看到古比這樣，稀稀非常緊張，馬上帶古比到網路上多人推薦的診所就診。

看完了古比過去的病歷後，醫生問了稀稀近期古比的飲食、排泄情況。

醫生皺著眉頭為古比做了一些身體檢查，也用了聽筒聽了心肺。又看了過去病歷上所描述的症狀、使用過的藥物。沉靜思考了一會後，醫生打破沉默：「我們會需要幫古比做一些化驗，看看還有什麼原因造成這樣的症狀。」

「這樣就可以好了嗎？」稀稀疑惑的問醫生。

「不一定，但可以讓我們知道可能影響的原因，或是排除一些

可能性。」

「所以驗了也不能保證會好？」

「醫學上沒有保證的。」醫生解釋。

「那我驗來做什麼？」稀稀開始抗議。

「如之前說過的，做這些化驗，才有機會知道什麼原因可能造成古比現在的情況。可以給我們更多資訊做一些分析、判斷。」醫生耐心解釋。

「那我覺得很不公平！要花那麼多錢檢驗，又沒有保證能醫好。」

「醫學上真的沒有可以保證的。每一個個案都有不同，裡面錯綜複雜的因素，都可能影響古比的情況，所以如果能夠排除一些原因，找出主要影響的因素，那就可以對症下藥。」

「所以沒有保證！那我帶古比來看醫生做什麼？」稀稀越說越不開心。想起昨天跟男友吵架，連帶的情緒也都一起爆發了。

「都這麼多年了，看了那麼多醫生，沒有一個可以醫好我的古比。到底是不是專業醫生啊？」稀稀氣憤的情緒一次宣洩了。「我都花那麼多錢跟時間，開的藥也都照著餵了。怎麼會都沒好過！醫生是怎麼開藥的啊？！」

「之前吃的藥，得問之前開藥的醫生，這部分我無法幫忙回答。至於今天的看診，我們還沒有確診開藥。」醫生無奈的回覆。

「那我都那麼辛苦，帶古比看那麼多次了，你們一次都沒有幫到牠！你看牠那麼可憐，都不肯救牠！還要做那麼多檢查、化驗，收我那麼多錢，到底有沒有愛心啊？」稀稀氣憤的情緒持續升溫。

醫生無奈地看著稀稀：「我的提議，還是做化驗才能有效找到影響的因素，當然也可以先開藥，幫助改善古比的腹瀉。」

　　「還在說化驗！我都說不要了！」稀稀生氣的從診療桌上抱起了古比。「你們都沒有一個肯好好幫我，古比，我們走，他們怎麼治療都沒效！」

　　稀稀被憤怒的情緒沖昏了頭，完全不理任何人，抱著古比大步走出診療室。

人生最遺憾的莫過於，輕易地放棄了不該放棄的，固
執地堅持了不該堅持的。這是出自古希臘哲學家柏拉
圖的名句，也恰恰點出我們常常遇到的情況。很多時
候，當我們在面對問題時，常常因為偏見、一時的情
緒，「為反對而反對」，擾亂了自己的想法，迷失了
客觀的判斷。

11

我也是醫生

改變你的想法，就會改變你的世界。重新定位自己，可以不讓自己迷失。

碧芝對醫治狗兒非常有興趣，經常在網路上看不同的文章、其他主人的經驗分享，從中學習並結合自己多年照顧多隻狗狗的經驗。碧芝對於狗兒生病的照顧，極有自信，也經常在不同的網路狗狗討論區內，發表自己如何醫治好生病的狗兒們。

然而，非專業獸醫學院畢業的碧芝，醫治狗兒的知識，大多是從網路上得知。一般的病症，從自己多年經驗中，可以用手上的藥品幫狗兒們減緩症狀，或是恢復。不過，還是有一些比較複雜的慢性疾病，病情的複雜度，超過碧芝理解的，所以一直無法完全治癒。

為了這幾隻飼養多年的狗兒，碧芝也經常帶牠們到不同的獸醫診所，找尋醫治的辦法。對自己的醫治方式很有自信的碧芝，也經常與診所的獸醫討論醫治方式。

這一天，碧芝從網路上看到一家風評不錯的獸醫診所，便帶著青蔥——已被診斷有糖尿病的十歲老犬，到了這家獸醫診所。這幾年，碧芝為了青蔥的病情，在網路上也看了很多的文章，也到過很多間獸醫診所，找尋治療的方式。

跟著青蔥一起到這家診所的，是一疊厚厚的病歷，多年來不同的檢驗數據，病情變化的歷史，讓醫生花了好長的時間才研讀完畢。

「青蔥的血糖問題，一直沒能控制？看到最後一次就診的記錄，還是沒能穩定。」

「是啊，青蔥的問題很麻煩對不對？」碧芝想開啟討論。

「看過去的記錄，其實應該是可以有效控制的。現在青蔥都吃些什麼呢？」醫生問。

「飲食方面我控制得很好。」碧芝自信的說。

「那麻煩跟我說一下，目前青蔥都吃哪些食物？」

「這你不用管，都說控制得很好了。」碧芝語氣開始顯得不悅，覺得「專業」被質疑了。

「我們需要了解飲食情況、目前吃的藥，還有其他症狀，才能有效繼續為青蔥治療。」醫生解釋。

「就開上次那個藥就好。」碧芝說：「你不是有看病歷嗎？應該知道開了什麼藥。」

「有看到之前吃的藥，不過還是得檢測一下目前的狀況，才能再對症下藥。」

「不就是一樣開這藥就好了？」碧兒開始顯得不耐煩，並從口袋中拿出了一張紙，上面寫著藥名與劑量。「就照這個開就好。」

醫生困惑地看了看，然後在計算機上按了按，好奇的問：「這是給青蔥的嗎？劑量不合適吧。」

「你就開就好啊，青蔥就是吃這劑量！」碧芝強調。

醫生拿出了一個冊子，上面是密密麻麻的數字。指著其中一行：「這是開藥的比例公式，以青蔥的體重，得開這劑量的十分之一。」拿起了計算機開始計算給碧芝看。

「就按這劑量開，沒錯的。」碧芝對醫生的說明，感到非常不開心。

「這劑量是哪位醫生開的呢？」醫生想與碧芝確認一下。

「你不用管。」碧芝回覆。

「我需要了解一下，核對之前的病歷，看看當時醫生的描述與其他用藥。」醫生嘗試解釋。

「都說你不用管了。就這樣開吧。」

「剛剛也給你看了，依照青蔥的體重，這藥量算出來是紙上劑量的十分之一才是。」

「你別管啦。這樣開沒問題的。」碧芝聲音開始提高。

「這樣是過量的。」醫生堅持專業上的操守。「對青蔥的病情沒有幫助外，還會有不好的影響。」

「不會啦！一直以來都沒問題。」碧芝不喜歡醫生不停的指責。

「是會有問題的。」醫生強調：「這是其他醫生開出來的劑量嗎？」醫生不敢相信會開到這麼高劑量。

「是不是寫錯了？我幫妳看看之前的病歷。」醫生試圖緩和緊張的情緒。

「不會的。這我親自寫的，不會錯。」碧芝堅持。

「或許抄的時候，沒看清楚之前醫生寫的劑量？」醫生嘗試幫碧芝釐清。「妳告訴我哪位醫生，還是哪時候就診的，我查一下。」

「都說你不用管了。」碧芝把頭轉向一邊。「你就開就好了。」

「這劑量不對，是很大的問題。請問是哪位醫生開的？」醫生強調。

碧芝臉上露出非常厭煩的表情，看著醫生，欲言又止，停頓了三秒後，拉長了語調說：「那你就當我是那個醫生嘍......」

作家慕顏歌曾在書裡寫過這一句「以愛之名滿足的，不過是你的野心」，當原來的好意變質時，甚至可能造成傷害。找回初衷，找到第一重要的中心，那樣才能同時展現自己的價值，舒適的與身邊的人共處。

12

一切都是剛剛好

不要急著否認自己不是緊張大師，當照顧遇上緊張型個性，不但讓自己感到焦慮外，寶貝們也會感受到壓力。嘗試放下內心的緊張，用心觀察、陪伴寶貝的每一天，你會發現，一切都是剛剛好。

　　照顧年邁的老犬古西，是美靜目前最重要的事情。已經十七歲的古西，除了關節退化，肝功能問題、血糖問題，前一陣子還發現身體裡面有腫瘤。為了照顧老犬，美靜每天也過得戰戰兢兢，很擔心古西的身體又有什麼問題出現。

　　不論是每天的食量、或是飲水的份量，美靜都會仔細計算與記錄。古西每天吃了幾顆乾糧，喝了多少毫升的水，美靜都記得清清楚楚。也唯有在可以觀察到古西時，美靜才肯放心，一點一點的餵食老犬，就怕自己沒有記錄到每一克的飲食，影響了病情。

　　毛髮稀疏的古西，近期也開始出現皮膚問題，這更是讓美靜感到焦慮、憂愁。只要老狗身體一有任何的轉變，美靜的神經都會被挑動。她也因為這樣，長期沒有睡好，內心的壓力，經常讓自己大半夜會驚醒，然後馬上跳下床檢查古西是否還有呼吸。

　　這幾天也為了古西的皮膚問題，擔憂得睡不著。雖然已經看過了幾次醫生，醫生也解釋不是太大的問題，但美靜依舊無法放心，每天都非常仔細檢查古西的每一寸皮膚。

　　焦慮、擔憂的情緒，讓美靜忍不住再帶著古西到了獸醫診所診治，美靜心想，這幾天古西又有變化，一定要請醫生仔細再看看。

　　「醫生，古西情況又變差了。」一進到診療室，美靜等不及就立刻報告。

　　「哪部分變差了呢？」醫生問。

「昨天牠食慾變得很差，少吃了三顆乾糧。還有水，也少喝了五毫升。」美靜慌忙拿出筆記本。

「還有其他觀察到的地方嗎？」醫生已經習慣了與美靜的問診方式。

「還有牠的皮膚，也越來越嚴重了！你看，這邊的皮膚問題，比之前再大了。」美靜指著古西臉上一塊小小的皮屑。

「好，我來檢查看看。」這是醫生可以安定美靜焦慮的方式。經過一番檢查後，醫生告知美靜：「皮膚沒有太大問題，跟三天前的問題範圍是差不多的。」

聽了醫生這樣說後，美靜稍微感到安心，但馬上又提出另一個擔憂：「那昨天少吃、少喝，會不會影響到牠血糖問題？要不要驗一下血，確認都沒問題？」

「三天前才驗過，古西的身體其實沒有太多的變化，先照之前建議的方式照顧就可以了。」醫生交代。

「好。」美靜又稍微安定了一點。「但，那這樣腫瘤會不會又有變化？」美靜突然又想到另一個擔憂。

「不要一直嚇自己。古西的問題，目前都控制得很不錯，不要擔心太多。依照之前的照顧方式，牠其實都保持得很好。這個歲數能有像目前這樣保持，也不簡單。妳其實照顧的非常好了。」醫生鼓勵著美靜。

「真的嗎？我這樣照顧沒有問題嗎？」

「很好了，古西有妳這樣全心全意的照料，是很幸運的。」醫生肯定。

「那就好了。」美靜整個人慢慢安定下來，摸著古西：「我們

一起努力，都不要放棄。」

　　古西大大的雙眼，看著安定下來的美靜，搖著尾巴，舔了舔美靜的手。

　　「走吧。我們回家繼續努力。」美靜開心地抱起了古西。

不要為明天憂慮，因為明天自有明天的憂慮；一天的難處一天當就夠了。(出自《聖經-馬太福音》)

你又感覺焦慮了嗎？默唸一次這個句子，然後深吸氣，再緩緩吐出長氣。請一定要這麼做！

可以再回應我嗎？

曾經的陪伴，是心中永遠最美的回憶。

過去的三個月，惠心因為小貓離世，整個人都悶悶不樂、無精打采。每天下班回家後，就是一個人靜靜的坐在「奶油」的照片前面，流著眼淚，獨自跟照片裡的小貓說話。不論親友如何的安慰，都難以撫慰惠心失去奶油的傷痛。

陪伴惠心十二年的奶油，一直以來都是惠心最心愛的貓貓。從小就帶回家裡，一直陪在惠心身邊，是她生活最重要的一部分。每每看著照片，過去相處的回憶，不斷地湧上惠心心頭。

從一開始頑皮的小貓，一天到晚抓破家裡沙發，調皮的弄破家裡的物品，每天跑給惠心追。

到後期生病時，與惠心每天餵藥時的搏鬥抗爭，都是留在惠心腦海中深刻的回憶。

隨著奶油的離世，家中的聲音也少了很多，燈光也都是黯淡的。以往，惠心下班回家時，一開家門，奶油馬上會到門口迎接惠心，用身體、尾巴掃著惠心的腳，表現一整天等待的思念。

當時惠心會開心的跟奶油對話、唱歌，不論惠心說什麼、唱什麼，奶油都會熱情的喵喵回應。然後惠心進門後第一件事，就是走到專門放置小貓食品的櫃子前，打開奶油最愛的零食包，拿出一包奶油最愛的零食，餵給已經跳上餐桌的小貓。

看著奶油開心的舔著零食的惠心，即刻會很快速的掃視奶油的臉、耳朵、手腳有沒有不乾淨的地方，發現時便快速的抱起奶油來清潔一番。但這並不是每次都成功的，知道惠心會對自己做清潔的

奶油，當一察覺到惠心動作時，就會跳下桌、跑去躲起來。這就是多年來，惠心與奶油的遊戲。

然而隨著奶油的離開，惠心回到家後，也不再有這樣的景象了。懷念過去的惠心，經常會拿起奶油最愛的零食，對著奶油的照片，獨自說話：「你最近還好嗎？身體不痛了吧？媽媽有準備你最愛的零食歐。」

雖然已經過了三個月，但是這離別的傷痛，依舊沒有少過。惠心不知道還可以如何做，讓自己接受奶油已經不在的事實。唯有每天看著奶油的照片，對著相片裡的小貓說說話，才能讓惠心舒服一點。

這段期間，同住家裡的妹妹，看到姊姊如此傷心，也不知道如何再安慰，曾經建議：「我們去找找，或許可以再找到一個跟奶油一樣的貓貓，帶回來養好不好？」

「不可能有第二個奶油的。牠是世上唯一的奶油。」惠心淡淡的說。

「不然我們出去走走，透個氣。妳已經好多天沒出家門了。」妹妹不放棄，想要讓姊姊舒緩、轉換一下心情。

「不了，到哪都一樣，都是沒有奶油的。」惠心對任何事都沒了興趣。

「還是我們叫一些好吃的外賣回來？吃點喜歡吃的，會好一點。」妹妹嘗試看看有沒有其他辦法，可以幫助姊姊。

「算了啦，吃什麼都一樣，沒什麼好吃的。」惠心依舊是處在悲哀中。

「還是我們來看一下電影，我有帶最新的影片回來。」妹妹再努力。

「不了，妳自己看吧。我還有話還要跟奶油說。」惠心回拒了妹妹，帶著奶油的照片，獨自回到了房間。

關起房門，暗暗的房裡，惠心忍不住又開始哭泣。想著奶油離世前的片刻，辛苦喘息的模樣，深感心痛。雖然醫生也說無法再幫助奶油了，身體機能已經到盡頭了，但惠心的心中，依舊覺得還可以爲奶油做點什麼。惠心也常常怪責自己，當時做得不夠多，所以奶油才那麼快就離開了。

在這樣的心情下，惠心總是這樣對著奶油的照片自語：「可以再回應我嗎？是不是我那時候做得不夠多？再給我多一次機會好嗎？」

不希望看到寶貝們難過、難受，是我們對牠們的愛。
相信牠們也不願見到我們陷於哀傷難過之中。

重新找到生活的動力，可以讓我們慢慢放下心中的傷痛，千萬個不捨，也都可以轉化成最美好的回憶。

當生活有了新意、新的目標時，我們可以慢慢從苦痛中走出來。當跳出了哀傷的情緒時，我們可以再次找到生活的重心、溫暖。

14

讓時間療癒我們心中的不安

當悲傷之後還是悲傷，找合適的對象對話、不間斷的傾聽內心的聲音，都可以讓我們重新找到療癒的方法。

失去小狗寶兒的安琪，一直不能釋懷小狗的離開。五年的時間過去了，都未能淡化心中的傷痛。在這期間，安琪也參加了無數的課程、講座、活動，嘗試要讓自己放下寶兒離世的痛，希望可以有方法幫助自己跳出心中的難過與愧疚。

寶兒在離世前，安琪確實非常努力，為寶兒的病情到處求醫。也每一週都帶著小狗做不同的治療。盡可能的守護在寶兒的身邊，一分一秒都盡量不要離開。當時很害怕寶兒隨時會離開的安琪，請了長假陪伴寶兒最後的日子，除非不得已，絕不讓寶兒離開自己的視線。

然而，當安琪越用力守護著寶兒時，幾乎二十四小時都將寶兒放在身邊照顧，就在出去幫寶兒配藥的那十幾分鐘，寶兒就離開了世界。安琪為此自責不已。每每與朋友談及，她還是會不停責怪自己：「都是我不好，如果沒留寶兒在家裡，自己去配藥，寶兒也不會離開。」

「妳也是不想寶兒太辛苦，如果帶出門，顛簸的路程，會讓寶兒難受的。」友人安慰。

「但寶兒就是在我出門時，就走了。」安琪只要想到，就會開始流淚。

「可能剛好寶兒時間到了。」友人拍拍安琪。

「一定是寶兒生我的氣，氣我沒有在牠旁邊，自己出門，沒帶

牠。」

「不會的，寶兒最愛妳了，怎麼會生妳的氣呢？」

「肯定是，不然為什麼不等我，就在那短短的時間，就離開！」安琪越說越難過。

「這種情況，寶兒也沒辦法控制啊！相信牠也是想等妳的。」友人有點不知道如何再安慰。

「如果我那時候不出門就好了，或許寶兒就不會走。可能寶兒還會在。」

「寶兒那時候已經是病危了，醫生都說沒剩多少日子啦。」友人提醒。

「對，但原本醫生說剩半個月，我們不也撐過來，多了半年嗎？」

「是啊，所以妳真的把寶兒照顧得很好，比醫生判定的時間，還可以延長那麼多個月。」友人肯定安琪的付出。

「如果我一直留在牠身邊，都沒離開過，寶兒應該可以活到現在。」安琪說服著自己。

「或許，寶兒要到其他地方呢？」友人嘗試幫助安琪，不讓她進入自責的漩渦。「或許，寶兒怕妳太傷心，看到牠最難受的時候。」

安琪開始靜默下來，獨自哭泣。友人也靜靜的陪著安琪。

幾個月後，安琪聽從朋友的建議，參加了一場「愛的道別，祝福啟程」課程。上課時，講師帶領著每一位學員，靜靜的調勻自己的呼吸，然後引導著學員們，慢慢的思念起心中最想念、卻又放不

下的朋友、親人。

　　跟著講師指示的安琪，也在慢慢的呼吸間，放鬆了自己的身體，隨著講師的話語，安琪恍惚間，在腦海裡看到她的寶兒出現。

　　「你終於來找我了？」腦海中，安琪對著寶兒說。

　　「是啊！妳過得好嗎？我來跟妳說說話。」寶兒居然可以說話。

　　「你怎麼就這樣走了？丟下我一個人？」沒有考慮太多科學邏輯的安琪，只顧著跟寶兒訴說心中的話語。

　　「我怕妳不讓我走，只好選妳不在的時候離開。」寶兒靜靜地說。

　　「為什麼？為什麼要這樣？你知道我這幾年好難過、心好痛嗎？」壓抑了五年的痛楚，從安琪的對話中開始釋放。

　　「我知道，但我也知道如果妳一直看著我，我走不了。我不想妳太難過，也不想妳看到我走的那一刻。」寶兒說的話，安琪彷彿都聽得很清楚。

　　「時間到了，我們都得去另一個地方，下一個旅程。」寶兒告訴安琪。

　　「去哪呢？我要怎麼再找你？」安琪心急的追問。

　　「不用找，有機會我們會再相遇。我準備開始我下一個旅程。謝謝妳這麼多年的照顧。這是我們最後的道別。」

　　「不要走，我還沒說完。」安琪開始流淚、哭泣。恍惚之間，發現自己還是在課堂裡。而剛剛與寶兒的對話，又是那麼真實。雖然無法確定是否自己想像出來的一切，但是內心的某個部分，好像

鬆了一些。

下課之後，安琪與朋友分享了自己特別的經歷。

「真的假的？我剛剛沒有聽到任何聲音耶。」朋友驚訝的說。

「好像是真的，但我也不確定。因為不太可能啊？」安琪困惑地說。

「不管是真是假，起碼妳感覺舒服一些了。」

「是啊，至少在那短短的時間裡，我跟寶兒說了我這幾年心中想說的話。」安琪同意朋友的說法。「我想，離別的傷痛，都是要時間的。唯有時間，才能夠讓我們的心沒那麼痛，也才可以放下心中那不安的感覺。」安琪欣慰的笑了笑。

真心的表達，可以讓我們說出心中的感受，雖然物種不同，寶貝們都可以感受得到的。

讓內心的話語傳遞出來，自己同時也可以聆聽心中的訊息，這個過程，我們可以更明白自己的感受、讓痛苦的情緒，也都能夠慢慢釋放。

傷痛，很難一下就得到療癒。慢慢的釋放、可以讓我們重新找回自己。

part4

最美的陪伴

珍惜相伴的每一刻，
因爲地久天長並不存在。
在生命到達終點之前的倒數時刻，
唯有陪伴而已。

每日的呵護，就是不間斷的愛

在不停的付出同時，也要好好照顧自己。唯有健康的身體，才能夠讓自己繼續給予更多的愛與照料。

年過五十的阿貴，單身一人，每天除了上班之外，就是照顧外面的流浪貓，與家裡十幾隻特別需要照顧的貓兒。阿貴不忍心看到貓貓們在外面沒東西吃，還要面臨病苦的折磨。只要看到情況不對的，都會帶回家照顧。知道貓兒們喜愛自由，如果沒有不適的貓兒，阿貴都是每天給牠們食物，讓牠們享有外面的自在。而家裡收養的，通常是病患了。阿貴的家，好像一個安養院，住了很多年邁、體弱病痛的貓，長期需要醫療的照顧。

照顧的小貓中，其中有幾隻是十幾歲的老貓，都患有腎病，需要經常性的醫療。尤其小花，是每天需要帶去診所的。只要診所有開門，都一定是早上第一位報到，讓小貓受到照顧。不論風雨，就算自己有不舒服，阿貴都不會將這件事耽擱。所以住在家裡的老貓們，即使年紀已經非常大了，也有重病纏身，但都還是能夠在比較舒適的狀態下生活。相較其他相同種類的貓，讓阿貴照顧的這些老貓們，年紀都大過其他很多。

那一天，阿貴如常帶著小花到了診所，原本想就如每一天的醫治一般，萬萬沒想到這次醫生居然說要跟她討論一下。心中萬分緊張的阿貴，進了診療室。

「小花如何啊？是不是病況嚴重了？」阿貴緊張的問。

「先不要緊張，知道妳很擔心小花。今天是要跟妳說一下小花的近況。畢竟小花年紀也大了，身體的機能退化很多。」

「是不是快不行了？醫生你告訴我，我可以接受的！」眾多貓

中，阿貴最疼愛的就是小花。

她們倆已經相互陪伴了十五年，雖然小花身體一直有不同狀況，但阿貴從來沒有覺得照顧麻煩。這三年來，不間斷的每日帶去診所，也從來沒有停止過。

「先不要急。其實情況還是穩定的。但是看到這陣子牠的狀態，是比較不如以往。我們會加多一點藥量，希望可以控制。」

「我明白小花年紀大了，如果不會帶來太多的痛苦，我希望可以盡全力讓牠更好過一點，少一點受苦。」阿貴很清楚生病有多難受。當年父親重病時，非常難受。後期還要接受很多治療，造成很多身體的負擔跟痛苦。阿貴只求能夠讓身邊的每一個生命，都能舒適不痛苦。所以一直以來，都與醫生配合得很好，也不強行要用最重的藥。

天性慈愛的阿貴，在陪伴父親離世前的那幾年，深深體驗到生命的無常，與生活品質的重要。所以陪伴貓兒的方式，她希望以較溫和而不痛苦的方法進行。

在幫小花打完針後，醫生告訴阿貴：「之後還是得每天辛苦妳帶小花過來，我們持續觀察。」

「不辛苦，不辛苦，只要能夠讓小花舒服，一天兩次都沒問題。」

「那也不用。多注意一下小花的精神狀態、食慾、飲水量。」

「好的，好的。謝謝你，醫生。」心存感激的阿貴，真誠的感謝醫護人員照料小花。

回到等候區的阿貴，還是有些擔心貓貓。

同樣在等候區的一位主人，見到阿貴緊張不安的神情，開口問

道：「貓貓沒事吧？看妳的樣子很緊張。」

「應該沒什麼大礙，但都還是會擔心的，畢竟好多年了。」

「養牠幾年啦？我幾乎每次早上來，都會見到妳已經在等候了，妳也都是三個禮拜來一次嗎？這麼巧，我們每次都遇到。」

「我是每天早上來的，小花陪我十五年了，這三年因為小花身體的狀況，需要每天都來，我就是上班前，一定都會帶牠來。」

「三年都這樣？每天？」

「是的，只要診所有開門，每天都一定來。如果我來不了，一定託人帶牠來。」

「妳真的太有愛了，貓貓能遇上妳，真的是太幸福了。」

「謝謝妳。妳的狗狗，也很幸福，能有妳這樣定期帶牠來接受治療。」

兩人相互會心一笑，明白大家對毛孩的用心。

拿了藥，準備帶小花回家的阿貴，離開前也與這位主人道別：「下次見。」

「下次來，肯定再見到妳。貓貓加油，保重歐！」

帶著小花回家途中，阿貴心想，一晃眼就過了十五年，自己跟小花還能有多少時間了？只希望這不間斷的愛，能夠一直持續，雖然時間有限，但阿貴的呵護，是沒有止盡。

每一份用心，都會被感受到的。但在辛苦付出的同時，
也不要忘記給自己關愛。能夠讓身邊的寶貝們幸福，
也記得給自己同樣好的照顧。

不要放棄我好嗎？

面對困難與挑戰時，很多時候我們都無法看到改善的空間、解決的方式。但只要我們盡力了，不讓自己後悔，其他的轉變與奇蹟，就讓它們自然發生。

　　從未養過貓狗的小琪，這一天突然心血來潮，陪著好友明洙帶著剛養的小狗去獸醫診所打針。沒看過小動物打針的小琪，感到特別新奇，看著獸醫很快地將針從小狗的頸後插了進去，推著針筒裡的藥劑。雖然動作迅速，但針插進去時，小狗還是叫了一聲。

　　「小寶貝，勇敢歐，很快就好。」明洙安慰著不到三個月的幼犬。

　　看著打完針的小狗，趴在診療檯上。

　　「牠很痛嗎？」小琪好奇的問。

　　「不會很痛啦。才一下下。」獸醫淡淡的說。

　　明洙摸了摸小狗，扶起幼小的身體，讓牠站起。「來，我們站起來再給醫生看看，就回家嘍。」

　　剛扶起的小狗，在明洙手一離開身子後，馬上又趴下了。

　　「醫生，牠怎麼啦？怎麼不好好站呢？來之前都沒什麼事啊？」

　　「可能剛打完針，太緊張了。不然你們先到外面等一等，讓牠休息一下，緩一緩，等一下就好了。」醫生囑咐。

　　聽了醫生的交代，兩個人帶著小狗，到了等候區。

　　過了好一會兒，小琪問：「應該休息夠了吧？我們讓小狗出來

看看。」

明洙小心翼翼的從袋子裡抱出了小狗，放在地上。但四肢依舊軟弱無力，無法站立的小狗，軟趴趴的躺在地上。

「醫生！醫生！」明洙慌亂的呼喊著。

小狗被抱進診療室後，醫生再為小狗揉揉推推，檢查了一下身體，輕輕的再將小狗身子抬起，讓四肢可以站在檯面上。但，一鬆手後，小狗馬上又軟軟的趴在檯面。

皺著雙眉的醫生，又試了幾次。在一旁看著的助護，慌亂的跑進另一個房間，請了另一個資深的獸醫進來幫忙檢查。

一番檢查過後，老醫生嚴肅的說：「沒辦法了，小狗應該一輩子沒辦法再站立了。」

明洙一時不知如何反應，說不出話來。小琪問：「怎麼會這樣呢？我們剛剛來之前，小狗還好好的啊。」看著檯面上無辜的小狗。

「真的沒辦法了，如果真的要找原因，還要做更多的檢測。但，就算找到真正的因素，也沒辦法讓牠再正常站立、行走了。」老醫生很無奈的說。

「那怎麼辦？」明洙氣憤地問。「我好好的小狗，就這樣癱瘓了嗎？」

幫小狗打針的獸醫，默默地退到最後面，不出聲。

老醫生繼續安撫：「小狗這樣，真的沒辦法醫治，也不是手術可以幫到的。或者 …… 我再研究看看有什麼方式 …… 不過牠還這麼小，就出現這樣的情況，以後可能會很麻煩 ……」

聽到醫生已經沒有法子，明洙氣憤得只有哭泣，也說不出其他

話。

小琪看著趴在桌上的小狗，無助雙眼望著自己，彷彿是在跟自己說：「不要放棄我好嗎？」

小狗的求助，讓小琪決意一定要好好照顧牠。

「一定有辦法可以幫助的吧？不管怎麼樣，我們都要繼續照顧小狗，不可以就這樣放棄牠。」小琪安撫著明洙。

無奈的明洙，抱著小狗出了診療室。看著小琪：「能怎麼辦？要怎麼照顧啊？我還得上班，牠這樣大小便，都不知道怎麼處理。」

「交給我吧！我來想辦法。」還沒找到新工作的小琪，決意要幫這隻小狗。

小琪之後每天帶著小狗，到了另一家獸醫診所，開始了針灸的治療。每天回家，也慢慢的幫小狗按摩。托著小狗，慢慢的讓小狗練習再次運用下肢走路。

從一開始，小狗四肢完全不動，到幾個星期後，小狗慢慢的嘗試用四肢開始走動。在小琪的堅持持續下，每天都托著小狗的身子，讓牠慢慢再練習運用四肢，找回力氣，重新在地面上走動。

在小琪與小狗努力不懈了幾個月後，小狗已經可以不用被托著身體獨立走動，雖然步伐依舊不穩，但是這樣的奇蹟，對小琪來說已經是天大的禮物了。

「我們做到了！」小琪開心的對小狗說。

每天看著小狗努力的走著，四肢力量不足，也不能直線行走。小琪總是會鼓勵小狗：「可以的，我們可以走得更好的，只要不放棄，我們一定做得到。」

小狗似乎明白小琪的心，邁著蹣跚的步伐，帶著自己跑向小琪。在小琪身邊繞著圈子，開心地吐著舌頭、搖著尾巴。

盡力去照顧另一個生命，可以讓我們打開自己的心，付出關愛、感受真愛。用心的照顧，可以讓寶貝們更舒服，我們的心，也可以因此感受到幸福。

03

我們一起大步走

在有限的時間內，用心一起陪伴度過每一天，是最真實的付出。不論情況如何變化，能夠相互依靠，是最幸福的感受。

在一個狗狗友善公園裡，每個下午都會看到一位戴著眼鏡的中年男士，牽著一隻年邁的拉布拉多犬——包著尿布的老狗，搖搖晃晃走在人行道上。走一走，會看到老狗停了下來，以半蹲的姿勢停留了一陣子，之後又繼續跟著中年男士慢慢往前走。

人行步道在公園的外圍，繞著公園形成一個圈。中年男士每天下午就會帶著老狗到這邊散步，一圈一圈繞著，大約一個小時後，男士會取下老犬的尿布，用塑膠袋裝著，帶回家丟棄。

每天這個時間，跑業務的小兵也會在這公園吃午餐。一整天忙下來，都到下午才有時間可以好好吃一餐飯。小兵觀察了好久，看到這位中年男子每天帶著老犬來散步，就算下雨天，男子也會撐著傘，給老犬穿著雨衣，堅持每日的運動。

有一天，小兵終於忍不住上前與中年男子交談：「你好！」小兵展開見顧客時的招牌笑容，通常都可以即刻打破陌生的感覺。「每天看你都帶著狗狗來散步，真的好有愛心歐。」

「你好，謝謝。這是阿布，我們一起散步好多年了，這是牠最大的享受。」中年男子回覆。

「有你這樣的主人真好，阿布一定很開心吧？！我看你們都風雨無阻耶。」

「是啊。我答應過阿布，不論如何，我們每天都一定要散步。這是我給牠的承諾，也是能為牠做出最完整的付出。」

「阿布幾歲啦？好像年紀很大了。」

「十六歲了，我們一起陪伴對方十六年了。」

「哇！這麼年長啦？所以走路都比較辛苦。」小兵回答。

「阿布因爲小時候受過傷，髖關節跟後肢都比較弱，所以我們都要一直做不同的保健，讓阿布的活動機能一直保持好的狀態。」

「原來是這樣，那爲什麼都要包著尿布呢？」小兵好奇的問。

「歐，大家都很好奇阿布的尿布。呵呵。其實是因爲我不想麻煩啦。」中年男子笑著回答。

「對啊，很少看到狗狗包著尿布出來散步的。但不想麻煩是？」

「阿布除了關節問題，消化系統也不是很好，所以經常大便都比較爛，很難處理。如果直接讓牠大在地上，我會清理得很辛苦。」

「呵呵，原來是這樣。」小兵大笑。

「是啊。阿布眞的很棒，每天可以這樣堅持走，其實我也知道牠走路時不是那麼舒服，在家時都睡覺多，所以不帶牠出來走一走，我怕眞的哪天牠沒力氣走了。」中年男子說到眼睛紅紅的。

「牠這麼嚴重嗎？有做其他治療？」

「前一陣子，牠有一天突然起不了身，沒辦法站起來走路，我好擔心。還好平常去看的獸醫，也可以幫牠做針灸。針了一次後，阿布那天下午又可以走了，眞的老天保佑。」中年男子興奮的說：「所以現在每個禮拜，我也一定要帶牠去繼續針。」

「太好了，有你這樣的主人照顧阿布，牠一定可以一直繼續走。」

「謝謝。」男子對小兵微笑，低下身摸摸一旁的阿布：「我知道你很努力！我們一起大步走，每天走，永遠不要停！」

向小兵揮了揮手，中年男子繼續牽著阿布在步道上慢行。

每天同行的一步一腳印，都是最真實的付出、感受，與相互陪伴。珍惜每一次可以相互陪伴的機會，把握每一次可以共處的時間，相伴是最美好的過程。

04

只要在一起，都好！

現實就是，天長地久並不存在。那麼，渺小的我們，只能乞求曾經擁有的美好，足矣！
珍惜相伴的每一刻吧。

倩倩帶回家才養了幾個月的小貓莎莎，從開始飼養沒多久，就經常拉肚子。每一兩個禮拜，倩倩會帶牠去就診。但看了快四個月了，依然沒有太大的改善，這幾天小貓還好像感冒了，流著鼻水，精神狀態也很不好。

倩倩決定帶小貓到另一家獸醫診所診治，或許不同的醫生，有不同的診療方式，可以幫到莎莎。

進入診療室後，倩倩很焦慮的看著醫生，為小莎莎檢查。因為從小腸胃不佳，營養吸收不良，莎莎比一般同樣年齡、同種類的貓，看起來還要嬌小。小小的身體，因為不舒服而不想動，乖乖地趴在診療檯上任由醫生檢查。

「醫生，牠是不是感冒了？」倩倩問。

「牠這應該不是普通感冒，需要再做一些其他的檢驗。」醫生解釋，繼續摸著莎莎的小身體，做更多確診。

倩倩看著醫生在莎莎的肚子摸了又摸，皺起了眉頭。「有什麼問題嗎？」倩倩著急了。

「怪怪的，手摸上去，好像有東西。我們需要幫牠照超聲波，才能比較確認。」醫生已經轉身拿出器材。

看著醫生在莎莎肚子上掃了掃，超聲波螢幕也出現了一些影像。完全看不懂的倩倩，焦慮的問：「有看到什麼嗎？」

醫生嘆了一口很長的氣後說道：「妳看，這裡有三個。」指著螢幕。

「那是什麼？」倩倩心中感覺不妙。

「腫瘤。」醫生認真的說。

「不會吧？」一時接受不了這消息的倩倩，震驚不已：「牠才六個月大，怎麼就有腫瘤。」

「我也希望不是，但這麼多年看診經驗，這是腫瘤的機會非常大。」醫生無奈地回答。

「那怎麼辦？要開刀拿出來嗎？還能醫嗎？」倩倩感到非常沮喪。

「試試看吧。也可以幫妳轉診到專科醫院，再讓專科醫生檢查。」

「怎麼會這樣呢？我都照顧得好好的，而且每個禮拜都有去看醫生。」倩倩還是不能接受這個消息。

「我知道這診斷一時很難接受，不如妳先到外面等一等，我再幫莎莎做其他檢查跟開藥。」醫生建議。

坐在等候區的倩倩，感到非常沮喪：「怎麼會這樣？這世界太不公平了，莎莎還那麼小，怎麼會有腫瘤。」

一旁等著看診的婦人聽到倩倩的自言自語，開口分享了經驗：「有時候生命就是那麼無奈吧？我有好幾隻貓，也都是有很多的病，最小的不到一歲，就走了。」

倩倩看著婦人，眼睛開始泛淚：「牠們都是生什麼病？也都是有腫瘤嗎？」

「每一隻貓的病都不同。有老化問題的，天生免疫系統疾病的，有近親繁殖帶來的天生缺陷問題，很多很多。」婦人靜靜地說。「這麼多年了，我已經學習用陪伴的心，陪著牠們每個階段。」

「陪伴的心？」倩倩不解的問。

「是啊，就是陪伴的心。不同的時候，牠們都有不同的狀況，不管我再怎麼照顧、餵養，都還是會生病。」婦人解釋。

「所以妳就是陪伴？」

「是啊，陪伴不是說就坐在一旁。是當牠們有任何問題時，我都會在牠們身邊，陪牠們一起面對每一次的問題。」婦人繼續說：「生病時，就帶牠們來看醫生。需要轉變飲食習慣，我就參照醫生的建議，給牠們生病時需要的食物、藥物。」

「所以就是一直陪牠們度過，不管是什麼問題？」

「是啊。每個問題都有不同的面對方式，因為愛牠們，我就是陪牠們面對，看看有什麼方式可以幫到牠們。然後跟醫生配合，讓牠們可以得到最好的治療。」摸摸貓袋裡的波斯貓，婦人接著說：「妳看小妹，牠已經十五歲了，七年前開始，就要每個星期帶牠來打針。」

「七年前？妳每個禮拜都這樣帶過來？七年？」倩倩覺得自己很難做到。

「是啊。七年，每一個禮拜。沒有停過。」婦人強調。

「怎麼做到的啊？我都不知道我能不能？現在莎莎這樣的狀況，我都不知道還能不能醫？要不要放棄？」倩倩內疚地說。

「這就看主人的心了。我對我的毛孩，是百分百的愛與陪伴。每一個人都有不同的照顧方式，每一個毛孩的病，也都不同。所以

這是看妳個人的心態與決定。這麼多年，我都沒放棄過一個。」

「謝謝妳，我明白了。」倩倩感謝婦人的分享。

面對病苦，常常是讓我們感到無奈、迷茫的。不是每一種病情都可以簡單被控制、療癒，但我們都是在照顧中，學習更好的關愛方式。沒有一定的標準，限定我們給予愛的付出。只要我們用心的给予，细心的陪伴，每一段的照顧，都是美好的。

愛過才知痛的感覺

因為愛，所以感同身受。當身體的苦痛將領著生命走到終點，陪伴到最後，是我們可以做到最美好的關愛。

從小一起長大的蹦蹦，是小麥最好的朋友。老狗蹦蹦在小麥小學時，就到了這個家，陪著小麥一起成長，至今也過了十八個年頭了。年邁的蹦蹦，身體面臨衰老病痛；多年的關節問題，讓老犬行動極不方便，這幾年都是小麥用推車，每天推著蹦蹦出外散步、透透氣。

上個月有一天的早上，小麥被蹦蹦的哭嚎聲嚇醒了。痛苦的哭聲，讓小麥衝出房門，看到躺在客廳的蹦蹦抽搐哀嚎。驚慌的小麥，馬上抱起了蹦蹦，衝去附近的獸醫診所急救治療。

經過醫生與助護們的一番搶救後，蹦蹦穩定了下來，側臥在診療檯上面。多年做為蹦蹦的家庭醫生，欲言又止的為小麥解釋：「蹦蹦呢，情況非常不好。這幾年都做過了很多不同的治療。但這一次，是體內的腫瘤太大了，壓迫到其他器官跟神經，所以牠會很痛苦。」

「難怪牠今天早上叫得那麼淒慘。」小麥非常憂心。

「我們有給牠止痛了，這樣牠會舒服一些。不過還是要告訴你，牠的時間不多了。身體機能已經開始失去功能性，所以你得開始有心理準備。」醫生交代。

「能不能有什麼辦法，可以讓牠再留久一點。我真的很放不下牠。」小麥眼眶開始濕了。

「你看牠其實非常痛苦，勉強延續牠的生命，牠的生活品質只會越來越差。」醫生解釋。

躺在診療檯上的蹦蹦，直望著小麥，眼睛也同樣濕濕的。墊在屁股下的尿布，也被體內控制不住的分泌物給弄濕了。黃黃、紅紅的液體，沾滿了尿布的表面。

看到蹦蹦痛苦的狀況，小麥非常心痛。

「我先帶牠回家，再陪牠一陣子好嗎？」小麥看著醫生。

「嗯，如果牠開始痛了，馬上帶牠回來吧！但，你心裡也要開始做好準備。」醫生交代。

回到家後，小麥靜靜的坐在蹦蹦旁邊，看著四肢無力的老犬，連抬起頭的力氣都沒了。小麥回想著過去一起奔跑、丟球的時光，眼睛忍不住開始流下眼淚。蹦蹦似乎也感受到小麥的哀傷，輕輕發出了點聲音，彷彿安慰著小麥。

就這樣，靜靜的，小麥一直在蹦蹦旁邊坐著，偶爾摸摸老狗的頭。小麥嘗試給蹦蹦喝點水，但年邁的老犬，已經放棄攝取任何水分或食物了。

隨著太陽逐漸西下，蹦蹦開始發出呻吟，小麥馬上觀察蹦蹦是否身體哪邊開始疼痛。沒有幾秒，輕微的吟叫，成了尖銳的哀嚎。同時下體也流出淡黃色的液體。

看到情況不對的小麥，馬上抱起了蹦蹦，直奔獸醫診所。

一到診所，看到助護們好像有預期小麥會到來，已經做好了準備，馬上帶蹦蹦進到診療室。

在一陣的搶救後，助護開了門，請小麥進入。

「蹦蹦的情況，非常不理想了，牠是在非常的痛苦之中。」醫生解釋。

「我知道，我知道......」小麥開始啜泣。

「時間不多了，你再陪陪牠，我們先出去。」醫生交代。

　　看著躺在診療檯上的蹦蹦，全身無力的樣子，眼神也開始迷濛。小麥哭泣的摸著牠的頭：「你身痛苦，我心更痛。」

面對身體的痛苦、生命的無常，我們常常是無奈、也無能為力的。學習生命自然的轉變，也是在每一段陪伴關係中，我們最大的課題。一同找尋出最有品質的生活陪伴，會是與寶貝們同行的最佳方式。

就算有千萬個不捨，也要學習放手

勇氣，可以讓我們直視心中的恐懼、不安。然後你會發現，恐懼沒什麼大不了，不安也消失了無影蹤。

千繪帶著喘氣不止的貓貓，直奔獸醫診所，呼喊著「蛋黃」需要急救，請醫生、助護幫忙。

跑到喘不過氣的千繪，無法詳細解釋狀況。但經驗豐富的醫護人員，一看到情況，就馬上開始為貓貓展開急救。

呼吸調勻後的千繪，開始跟醫生報告：「蛋黃今天下午開始精神就變差了，然後到了剛剛，就開始喘氣，而且越來越厲害。我就馬上帶牠過來了。」

搶救蛋黃中的醫生，沒有理會千繪的話語。一心專注穩定貓貓的情況，沒有空暇回應任何人的問題，直到貓貓呼吸開始穩定後，才抬起了頭，看著站在一旁緊張落淚的千繪。

已經不是第一次跑來急救貓貓的千繪，是診所這個月經常緊急掛號的客人。十六歲的蛋黃，患有長期腎病的問題，還有頭部有顆腫瘤，雙眼、口舌也因為腫瘤的壓迫，呈現了眼睛稍微移位，嘴也歪歪的，舌頭一半吊在口外。

上一次來急救時，醫生已經告訴千繪，貓貓的時間不多了，病情確實很嚴重，蛋黃是承受著很大的身心痛苦的。照顧貓貓多年的千繪，雖然不捨得蛋黃承受痛苦，但也不忍心就這樣放手，讓蛋黃離開。

「牠真的情況非常不好了，是時候準備讓牠離開了。」急救後，醫生建議。

「可以再多一點時間嗎？牠應該還可以留在這久一點點的。」千繪不想接受醫生的說法。

「妳看牠，其實身體是很痛苦了。」

「再多一點點就好，我真的捨不得。」千繪解釋。

「我明白，這麼多年的照顧，妳們有很深的感情。而且，放手是不容易的。」醫生安慰著：「生命有一定的自然定律，有時候在時間到的時候，我們還是得讓生命回到自然的循環中。」

「我知道……」

「這幾次的急救，都是勉強打針讓牠延遲生命的時間。」醫生再提醒千繪：「但主人還是得明白，總有要放手的一天，醫學是不可能讓牠長生不死的，而且牠的身體機能已經衰敗的很厲害了。」

「我懂……但……我就是放不了手。照顧了這麼多年，我不甘心就這樣放手。而且，我們不是什麼都做不到不是？能讓牠留久一點，我想要盡量留久一點。」千繪為自己解釋。

蛋黃是上一位主人在知道貓貓患有腎病時就遺棄牠的。那時候千繪知道這情況，馬上接手領養，這幾年不斷的帶著蛋黃看醫生，穩定病情，讓蛋黃的生命延續，多了好多年。

辛辛苦苦把蛋黃照顧的這麼好，雖然後來頭部的腫瘤讓蛋黃的相貌變得奇怪，經常也呈現痛苦的樣子。但千繪還是不捨得就這樣放棄，任何可以幫助蛋黃的機會，延續讓牠可以在這世界上多留一分一秒的可能。

跟醫生對話過後，千繪看著奄奄一息的蛋黃，歪斜的雙眼，已經失去了目光的焦點。掉出嘴外的舌頭，在呼吸喘息中，偶爾微微顫抖一下。千繪雙眼濕潤，深深的吸了口氣。

「如果就這麼走了，妳會不會怪我？」千繪輕聲的問著蛋黃。「妳不怪我，我都好難原諒我自己。」

　　擦了擦眼角的眼淚，千繪看著痛苦的蛋黃。

　　「我知道妳很辛苦。雖然我心中有千萬的不捨，但這一次，我會勇敢，我會學習放手，不再讓妳痛苦下去。」

面對離別，內心的不捨、心中的恐懼，會讓我們感到
徬徨、焦慮。當我們了解死亡只是生命必經的階段時，
我們可以慢慢釋放心中的害怕，找出勇氣來看待這個
過程。

我們因為了解，可以不再恐慌。也因為有了認知，可
以用祝福的心，迎接新的未來。

我們可以重新再來過嗎？

愛之，卻反而害之的心痛懊悔，請「面對它、接受它、處理它、放下它」。這句出自聖嚴法師的名言，很貼切地點出人生中解決各種處境的「SOP」。放下，也是愛你的人最希望看到的你。

　　癌症末期的米果，每個星期跟隨著主人婷玉拜訪不同的診所、醫師接受治療。米果是十七歲的老犬，十二年前被遺棄在街上，流浪時遇見了前往上班途中的婷玉，從此就開始了陪伴婷玉的生活。這十二年來，婷玉非常用心呵護著米果的生活飲食，在生病的時候，更是細心呵護、照料。

　　一年前，醫生診斷出米果身上有惡性腫瘤，婷玉更是用了很多精力、心思，帶著米果與不同專長的醫生求診治療。雖然病情是嚴重的，但是在婷玉多方面的照顧下，米果的情況都維持穩定，也超乎了醫生預測的生命時間。

　　這半年來，由兩位不同的醫生，從西藥的控制，與中醫針灸的配合，米果的病情控制得非常穩定，米果的生活品質也是良好的。尤其開始做了針灸以後，米果明顯的精神感覺比較好、食慾也有改善。

　　婷玉也感到非常欣慰，這麼多的努力，終於沒有白費。即使知道米果得的是癌症，但「與癌共存」，也是婷玉後來一直告訴自己，及與朋友分享的心得。

　　「其實有時候我們不一定要急著去處理牠們身體的腫瘤，反而是控制好，然後保持、提升牠們生活的品質，會是更好的選擇。」婷玉與其他愛狗的好友分享。

　　「對啊，我覺得人也好，毛孩也好，都一樣。生活品質比較重

要，好過一直治療、化療，然後更痛苦。」佩佩也分享自己的想法。

「可是那腫瘤一直留在體內，終究是不好的吧？」妮可提出疑問。

「這還是要看情況評估。」婷玉分享著她的經驗：「像米果年紀這麼大了，如果再做手術，風險很大。如果用太多太強的藥，牠也未必受得了。現在這樣控制住病情，然後還有讓身體的機能循環比較順，我的觀察，牠是比之前舒服很多。」

「但是如果再惡化，不是更麻煩？」妮可再次提出：「對了，我有看到這個網上的消息，有一種療法，據說可以讓腫瘤自動縮小，而且是天然的成分，沒有副作用。」

「有這樣的療法？」婷玉有點心動。

「會不會是網上的謠言流傳而已啊？都沒看過這樣的醫學報導。」佩佩質疑。

「這是最新的發現，還在做科學研究的數據收集，聽說報導文章很快就有了。」妮可說。

「我之前介紹另一個朋友去，他的狗也是癌症末期，但是後來吃了以後就縮小了，而且沒有副作用。」妮可強調。

「真的嗎？可以給我更多資料嗎？」擔憂米果的婷玉急著問。

「他們目前還不對外公開，只有熟人才可以去拿到這種藥。」妮可放低音調，故作神祕的說。

「那妳知道怎麼去見醫生嗎？怎麼拿這藥？」婷玉有點著急了。

「好吧！看我們認識這麼久的份上，我幫妳聯繫一下，看能不

能帶妳跟米果去見見那位醫生。」妮可說。

「真的有效嗎？我還是很懷疑耶。」佩佩再次提出。

「這種還沒發表的最新新藥是比較低調的，網路上看不到的，都是像我們這樣私底下介紹才能去的，不然會供不應求。」妮可說。

「好，那麻煩妳盡快幫我安排。」掛心米果病情的婷玉，原本的信念動搖了。

「放心，交給我，我來安排。」妮可保證。

過了幾天，妮可便帶著婷玉與米果到了一個地方。妮可在生鏽掉漆的鐵門上，敲了幾下。一位婦人將鐵門打開了一半，妮可馬上示意，表示已經有預約，之後婦人便領了她們進到裡面的一間房間。

房間內，燈光昏暗，瀰漫著一股藥草味道。房間裡也沒有太多的擺設，只一位身穿白袍的中年男士，坐在一張辦公桌的後面。

「醫生，這就是我說的好朋友，婷玉。」妮可馬上熱情的跟這位男士打招呼：「她的小狗已經癌症末期了。」

「歐，這樣啊。那她來對地方了。」醫生說。

「我把米果抱出來，給您檢查一下？」婷玉緊張的問。

「不用不用，只要吃這個藥，就會好了。」醫生緩緩的從抽屜拿出了一瓶有著黑色滴管、琥珀色瓶身的藥水。

「不用檢查嗎？那要不要看病歷？我手上有一些記錄。」婷玉再問。

「不用不用。」男士揮了揮手：「這藥吃了就好了，不管多久、多大的腫瘤，都會好。」

「就跟妳說很厲害了吧？」妮可對婷玉擠了擠眼。

「這藥很神奇的，純天然，不信妳聞聞。」男子打開瓶子，清淡的草本味道飄了出來。

「真的是滿清爽的，天然草藥味。」婷玉聞後說。

「每天給小狗喝，一次五滴就好。之後就會慢慢好了。」男士說。

買了藥劑，走出去以後，半信半疑的婷玉，覺得整個經歷非常奇怪，也不像一般到診所看診的感覺。

「真的可以嗎？」婷玉問。

「相信我啦！我朋友的狗就是這樣好了。」妮可說。

回到家後，婷玉內心掙扎不已。

「現在病情都控制得好好的，需要這樣去冒險嗎？」但婷玉又想：「醫生說過，這病情雖然控制住了，但是不保證不會惡化。」想到這裡，婷玉開始擔心。

「沒關係吧，反正天然的東西，頂多就是沒作用吧？」婷玉這樣告訴自己，就這樣開始了餵米果吃。

兩天過後，婷玉發現米果開始吐，精神萎靡。婷玉看到這情況，感到非常擔心、害怕，馬上帶米果到醫生那邊檢查。在一陣急救過後，米果宣告不治。

告知了婷玉這消息後，醫生問了她：「有給牠吃了什麼嗎？之前不是好好的？」

「我給牠吃了一種天然草藥，那個醫生說可以讓腫瘤變小。」傷心欲絕的婷玉哭著說，並拿出袋子裡的藥瓶。

「這上面什麼都沒有標示，無法辨別是什麼藥品。」醫生淡淡的說：「我們把房間給妳，再陪陪米果。準備好了，再跟我們說。」

醫生離開了診療室，讓婷玉跟米果做最後的道別。

「對不起！」婷玉大哭，自責地哭訴著：「是我的錯，我不應該給你亂試的。我太愛你，太擔心你，所以才會昏了頭，給你吃的！原諒我好嗎？我們可以重新再來過嗎？回到之前好不好 ......」

放下心中的愧疚，才能讓我們的生活繼續下去。太用
力的關愛，有時會讓我們陷入憂慮、迷茫的狀態。客
觀的觀察生活的變化，才能讓我們找到真正改善的方
式。

不讓過度的用心，讓自己在過程中迷失了，經常提醒
自己當下的情況、感受，才能夠保持客觀、舒適的呵
護。

不能就這樣讓你走

尊重，讓我們開始感受到愛。尊重，是一種理解，一種貼心。理解各種不同的意見，不強人所難；貼心接受各種無可奈何，找到自處的方式。

　　診療室中，一片緊張的寂靜，醫生靜靜地聽著小貓的心肺，用手電筒照了照貓貓的瞳孔。之後搖了搖頭，告訴帶著貓貓來的施太太：「貓貓已經沒辦法救治了。」

　　看著貓貓在診療檯上，若有似無的呼吸，施太太不想接受醫生剛剛的告知。

　　「真的不能診救了嗎？」

　　「不然打針吧？有那種針，打了可以再重新有生命力的吧？」施太太問。

　　「貓貓已經到了最後了，再強行打針或做其他，都只會造成牠受到更多痛苦，而無法真的幫到牠。」醫生解釋。

　　「可以的，可以的。」施太太堅持：「之前我有另一隻貓，也是打了一支針後，就馬上又回來了，醫生，你就打那種針吧。」

　　「那情況是不一樣的。」醫生說：「如果情況可以，我們會打合適的針劑的。」

　　「怎麼會不行？醫生，不要這樣沒有愛心啦！多少錢我可以給啊？」施太太不滿意醫生的不配合。

　　「這貓是妳剛剛外面撿到的對嗎？牠應該已經病很久了。」

　　「就是看牠好可憐，躺在路邊，所以撿回來醫治。我就是很有愛心，不忍心看到小動物這樣可憐。」施太太強調。

「我知道妳很有愛心，經常帶流浪貓狗來醫治。相信牠們也都很感謝妳。」醫生說道：「但這次不一樣，貓貓的情況真的太差了，就讓牠平靜的過了吧。」

「你身為醫生，怎麼可以說這樣的話？怎麼可以見死不救呢？這是生命啊！」施太太語調突然升高。

「我明白妳很愛小動物，但醫生也不能起死回生。在專業的判斷上，這小貓已經無法救治了。」醫生再次解釋。

「不行！我不可以讓小貓在我眼前就這樣走了！」施太太強調。「我不允許生命在我面前這樣結束。」

「生命也有自然的循環。」醫生嘗試解釋：「就算不是生病死了，也會因為歲數到了，生命也會結束。生死，也是一種尊重。」

「牠現在就是還沒死，還有得救。」施太太情緒開始失控。「我不管你怎麼說，我就是要救活牠。」

「我真的無能為力。」醫生結束了診治。

抱著小貓，氣沖沖往外走的施太太看到好友王太太開車來接她，馬上跳上車子，開始跟王太太抱怨：「現在的醫生真的不負責任，妳看，小貓病成這樣，都不肯醫！」

看了看施太太懷中奄奄一息的小貓，王太太也憤怒地搭腔：「是啊！現在醫生都這樣，一點都不負責。」

「沒關係，醫生不救，我們自己救！」施太太生氣的說。

「怎麼救？妳懂得醫？」王太太問。

「我有法寶！」施太太神神祕祕的從包包裡拿出一小瓶藥丸，倒了幾粒出來，往貓兒的口中塞進去。

「不能就這樣讓你走！」

「這是什麼？」王太太好奇的問。

「起死回生丹！」施太太得意的說。

「有這種東西？」王太太驚訝的問。

「我從大師那邊拿到的。特別靈！」施太太說。

看著小貓從原本還有微微的喘息中，突然開始抽搐，微微的咳嗽。

「妳看，要回生了！」施太太得意的說。

一輩子沒聽過有這樣的神奇物品，王太太張大了嘴，看著貓貓的反應。

小貓連續抽搐了一陣子後，開始緩了下來。

「開始要好了。」施太太說。

「真的啊？」王太太問。

「妳看著吧！」施太太自信的說。看著小貓漸漸的沒了反應。施太太感覺奇怪，稍微搖了搖小貓，小貓依舊沒有反應。

王太太看了看施太太，看了看小貓，忍不住開口問：「牠，是不是死啦？」

施太太默不做聲，靜靜的坐了一陣子，轉身跟王太太說：「我們 .... 找個地方來安置牠吧。」

王太太靜靜的，開著車往郊區去了。

當我們學習尊重生命自然的變化、不同領域的專業、意見時，我們的心將會打開，感受到更多愛與溫暖。

有時我們會太想要成就一些事，而讓自己一時跌進了衝動的情緒。當我們可以用心感受、客觀評估時，很多難題都可以有更好面對、處理的方式。

陪你到最後

在到達終點之前的倒數時刻，再沒有其他庸俗的計較，唯有陪伴而已。打開內心感受愛，任何的付出都是無怨無悔的。

佩瑩畢業後，馬上就投入了幫助動物的行業。熱愛動物的她，除了在獸醫診所任職助護，在休假之時，也經常去擔任義工，幫助各處需要幫忙的貓貓狗狗。就在進入診所工作沒多久，一個安靜的下午，診所門被推開了，一位白髮蒼蒼的老伯，捧著一隻土黃色的中型犬進來。

「幫幫忙，小土豆牠一直抽搐。」老伯大聲求救。

沒見過緊急需要急救狀況的佩瑩，一時不知道如何應對。資深的助護，馬上出來接手處理，與醫生一起進行搶救。不知可以如何幫忙的佩瑩，只能在接待處，安撫老伯的心情，告知他醫生已經在進行急救了。

經過一番搶救後，小狗穩定下來了。醫生診斷小狗患了狗瘟，必須住院治療。擔憂小土豆的老伯問：「醫生，牠要住院多久？會好嗎？」

「要先觀察。」醫生問：「飼養多久了呢？」

「我領養牠大約兩個禮拜，看牠好可憐。」老伯憂心地回答。「那我可以每天來看牠嗎？」

「可以啊。你提早跟我們說，都可以安排時間給你探病的。」佩瑩回答。

「謝謝，謝謝你們。醫藥費多少錢，都沒問題，我來想辦法。」老伯真誠的說。

隔天老伯一早就來看小土豆。

帶著老伯到住院區的佩瑩，看著老伯身上的衣服，都破了好幾個洞。好奇地問：「伯伯，你做什麼工作的呢？」

「打打零工，賺點生活費。」老伯開朗的回答。「一輩子都是一個人，養活自己，養活全家。」說完後，老伯馬上轉口：「不對，不對，現在還有小土豆。」

一旁的佩瑩笑著，覺得老伯伯真誠可愛。

「牠怎麼一直抽搐啊？」老伯看了小土豆後，擔心地問。

「是啊，牠的病情，會有這樣的症狀，而且意識不是很清楚。」佩瑩照醫生的話重複給老伯聽。

「哎呀！可憐的小土豆啊！加油啊！」

「牠吃飯了嗎？有餵牠吃東西？」老伯關心的問。

「牠還沒能夠清醒，不太吃東西。」佩瑩回答。指著籠子裡的糧食：「整碗都沒碰過。」

「啊！不吃飯怎麼會好啊？生病就是要吃東西。」

老伯想著自己每次病了，都是要吃飯，才能補回體力，恢復精神。

「不然我帶點東西來餵牠吧？剛到我家時，牠特別喜歡我煮的飯菜。」

佩瑩詢問了醫生的意見後：「好的，你就帶來餵吧。」

中午，老伯帶了飯菜，切得碎碎的，放在手上給小土豆吃。意識不是很清楚，抽搐中的小狗，聞到飯菜，居然開始就著老伯的手

開始進食，一口一口吃起了飯菜。然而不受控制的抽搐症狀，讓老伯在餵食的過程中，手被小土豆咬了好多次。

「你的手被咬傷了。」一旁觀看的佩瑩驚叫。

「沒關係，沒關係，小傷。」老伯只關注著小狗是否進食。「妳看牠吃飯了。」開心的老伯，眼睛泛著淚光。

看到老伯不怕疼痛，即使被咬了，還是堅持餵食，佩瑩非常感動，忍不住也流下眼淚。

「別哭，不痛的。」老伯看到，反過來安慰佩瑩：「我工作時受的傷口，比這大多了，都沒事，不痛的！」

聽到老伯的安慰，佩瑩反而哭起來了。外面的其他助護，也都進來看看發生什麼事情。

接下來的幾天，老伯早中晚都帶著飯菜來餵食小土豆。看著小土豆只能側躺在籠子裡，老伯心疼不已。能夠做到的，就是給牠送來每天親手煮的飯菜。不是什麼名貴的食材，卻是老伯一心一意做出來的美食。

診所裡的醫生、助護都被老伯的精神感動。醫生看著老伯每天照三餐堅持來餵食，也不忍心老伯每天手都被咬傷：「伯伯，這病會一直這樣抽搐的，小土豆也控制不了自己的口，所以咬你，辛苦你了。」

「沒事的，牠肯吃就好。」老伯笑著說。「謝謝你，醫生。肯為小土豆醫治。我沒什麼錢，但要多少醫藥費，你們照實跟我說，我會去想辦法的。」

聽到老伯的話，醫生解釋：「我們會努力醫治的，但這病，很多時候是不樂觀的。」

「沒關係，沒關係，你們肯醫，我就很感謝了。」老伯眼濕濕的說。

過了三週，小土豆病情依舊沒有好轉。佩瑩每天為小狗清潔住院的籠子，籠內尿布上，都是小土豆不能自制排洩出來的屎尿。看著老伯每日都來餵食，但小狗病情未能改善，醫生、助護們都感到非常無奈，卻又無能為力。

「伯伯，對不起，這病真的很難……」

話還沒說完的佩瑩，馬上被老伯打斷。

「沒關係的，我明白，我明白。」老伯搶著說。

「小土豆一直沒能好轉，這病醫治不了，我們只是在延續牠的生命。」醫生過來解釋。

籠子裡的小土豆不斷抽搐，偶爾糞便也會在抽搐中，擠了出來。意識一直沒有清醒過來的小狗，卻在老伯靠近時，會發出嗚嗚聲。老伯一直未能接受醫生所說的：不能醫治。只希望多餵幾次，或許小土豆精神就會回來，病就會好了。

在這一天，老伯過來餵完晚餐後，醫生溫和的跟老伯說：「伯伯，是時候讓小土豆走了，牠好不了，只會每天痛苦的這樣抽搐。」

聽到醫生的話語，老伯一時不知道如何反應，轉過了頭，看看飯盒裡還有沒有多的飯菜，想再餵餵小土豆。

「伯伯，我知道這決定很難。」

「嗯……」老伯不想正面回應：「再給我們一點時間好嗎？我會付醫藥費的，醫生，你再試試看好不好？」老伯請求。

醫生知道老伯一時無法接受，便給老伯多點時間考慮。

隔天早上，老伯一早就到了診所。

「我想清楚了。是時候讓小土豆好過了。我會放手讓牠走。」

看著老伯雙眼紅腫，佩瑩想他應該哭了很久，再看到老伯手上結痂跟未痊癒的傷口，佩瑩雙眼泛淚：「我知道了，我轉告醫生。」

真心的付出，可以讓我們心中沒有後悔。用心的照顧，可以讓我們沒有愧疚的道別。雖然離別總是困難的，但當我們一路用心付出過，內心是舒服、無愧的。當道別的時間來到時，我們的心也可以比較容易放下。

再心痛，都要與你道別

盡力了，就是我們能給予最大的愛。

在那一個夜晚，診所看診差不多結束前，一位戴著黑色口罩的年輕男子，匆促推開了診所的玻璃門，雙手抱著喘氣不止、肚子腫大、身軀僵硬的雪納瑞犬走進來。男子迷茫、無助的眼神，問著接待處的獸醫助護：「能幫幫牠嗎？」「牠本來都好好的，突然開始一直喘不停！」「我不知道牠怎麼了！」

男子慌亂得不知所措，在獸醫助護專業的詢問下，收集了病情資訊，馬上進去告知醫生。很快的，助護將男子手上的狗，帶進了診間開始急救。

經過一番搶救後，小狗毛毛的情況逐漸穩定了。在確診後，發現原來毛毛有嚴重的心臟疾病，並且已經到了末期，需要龐大的醫療費來繼續延遲牠的生命。

聽到這消息後，戴著黑色口罩的男子，雙眼泛著淚，欲言又止了幾次後，難過的跟助護說：「我沒有錢，沒辦法做其他任何治療。我想 …… 送牠走 ……」看著肚子鼓脹，喘息辛苦的毛毛，男子內心百感交集。但現實確確無法讓他有餘力支付毛毛的醫療費用。

這時候，助護也告知了傷心的男子，這手續需要毛孩晶片登記的主人簽同意書，才能辦理。

男子無奈的說：「我不是牠登記的主人，毛毛是我前女友的，我們分手後，就一直是我照顧的。」

原來過去的十多年，都是男子一個人照顧老犬毛毛。兩個之間感情也非常深厚，但在這最難過的時刻，男子必須再次聯絡自分手

後就沒再聯繫的前女友。必須得到她的同意後，才能送心愛的毛毛離開。

經過幾轉的聯絡後，男子終於聯繫上已經移民到國外的前女友，透過電話，得到了她的同意，讓毛毛可以安樂的離開痛苦的身體。

經過急救過後的毛毛，躺在氧氣箱中，慢慢的緩了喘氣的頻率。僵硬的身軀，依舊未能自如伸曲，但脖子的肌肉開始鬆緩了。躺在氧氣箱中的毛毛，努力的將頭轉向男子，黑碌碌的眼珠，不捨的看著無助的男子，似乎說著，我們不要分離好嗎？

男子看著毛毛的雙眼，內心百般的煎熬，無奈在經濟上他無法負擔外，加上毛毛身體情況，已經到了非常不樂觀的情況，即使醫治，都免不了會受到很多的痛苦。男子告訴自己，這時候為毛毛做出的最好的抉擇，就是讓毛毛不再繼續痛苦下去。

想著過去十多年一起相處的時光，男子控制不住眼眶中的眼淚，一滴一滴地流了下來。身子依舊無法轉動的毛毛，努力地抬起頭看著男子。老犬似乎感受到男子的無奈與無助。靜靜的，兩個好友就這樣陪著對方，度過這最後的時刻。

　　「對不起，我真的無能為力。」男子自責的對著毛毛說。

　　「謝謝你這麼多年陪我，我知道我不是一個好主人，連你生病這麼嚴重，我都沒發覺。」男子啜泣著。

　　「原諒我好嗎？」「原諒我的自私、無能。」「我也不知道我自己還有沒有明天。明天會到哪去 ......」

　　男子似乎也對自己的未來感到迷茫。

　　「毛毛，我們再見了，希望以後我們還有機會相見。」男子嚎啕大哭，心中的難受、痛苦，也全部宣洩出來。

　　看著淚流不止的男子，毛毛也發出了嗚嗚的哭泣聲。原本用力抬高的頭，也趴下了，似乎回應了男子的決定。

　　很多時候，生活上的條件，讓我們很多事情無法如心所願。當我們在能力範圍內，盡了力，用心付出後，這就是最美好的關愛了。

　　不讓自己捲入自責、內疚的漩渦，提醒自己，已經盡了力，是陪伴關係中，最美好的道別。

11

想念，也是一種幸福

曾經全心全意付出過，想念，也會成為心中最美好的感受。

伯爵，曾經是偉達最好的夥伴，每天早上起來，只要日光照進房間那刻，全身雪白的毛、只有兩耳是黑色的小狗伯爵，都會跳到偉達的床上，舔著他的臉頰、鼻子、嘴巴，把偉達給舔醒。晚上下班回家時，伯爵也會很懂事的，為偉達咬一隻拖鞋過來。

晚餐過後，就是兩個散步的美好時光。雖然有鏈子牽著，但帶頭的永遠是伯爵，就像小狗帶路似。

「走吧，今天喜歡去哪，就帶我去哪吧！」偉達總是這樣跟伯爵說。

興奮的小犬，一聽指令就會小跑步的拉著偉達快步行走。雖然都是讓伯爵帶領，其實每天走的路線，都是一樣的。伯爵總是帶著偉達，從家後面的小道走到山丘上的小公園。

到了小公園後，就是伯爵自由奔跑的時間了。偉達總是帶一顆小球，往遠處丟，讓伯爵盡情的跑，撿回小球給他。

「Go！撿回來！」偉達拋出小球。

快速衝刺出去的伯爵，總是沒過多久，就把小球咬了回來，放在偉達腳旁，等待下一次的丟出。一樣的遊戲、一樣的地方，這麼多年，兩個從來沒有玩膩過。

玩一陣子後，偉達總是帶著伯爵，走到一處的公園凳子上，開始打起了手機上的遊戲，陪在一旁的小狗，也會跳到凳子上，將身子捲成一圈，靠在偉達的腿旁，靜靜的陪伴偉達。

一邊玩著遊戲，偶爾摸摸伯爵的的身子、拍拍牠：「我們就每天這樣，相互陪伴好嗎？」偉達說。

然而在半年前，伯爵突然嘔吐不止，在送醫急救後，都沒辦法搶救回來。

「醫生，你再試試看，可以的。」偉達焦急的懇求醫生。

「沒辦法了，已經沒有生命跡象了。」醫生無奈的說。

「怎麼會這樣？」偉達懊悔的問：「好端端的，我們就去公園散步，回家後牠就開始吐了。」

「小狗可能吃到有毒的東西。應該是中毒。」

「中毒？公園裡會有毒？」偉達不敢相信。

「那是狗公園嗎？」醫生問。

「應該不是，其實禁止狗進入的。」偉達愧疚地說。

「那裡有時候可能會有農藥。」

「是我的錯，我沒有理會告示。」偉達非常自責，一直沒有仔細看那些告示。

看著無法搶救回來的伯爵，偉達內疚的哭著：「對不起，是我沒注意，我沒有好好為你負責，看看公園是不是危險的。」淚流滿面的偉達摸著已經不動的小狗：「原諒我好嗎？對不起！」

伯爵離開了，過了幾個月後，偉達的心情比較平靜了。夜晚獨自一個人，循著過去兩個一起散步的路線，走上了公園，坐在過去一起坐的凳子上，回憶著曾經美好的回憶，思念著伯爵：「你不在了，但我還是會很想念你。」

很多意外的發生，都是沒能夠及時避免的，雖然我們都不願見到這樣的情況，但發生的事，已經造成了。

不要讓自己困在自我責怪的循環中。我們需要的，是從每一次的傷痛，學習到成為更好的自己。我們也可以從每一段的陪伴中，找到更合適的面對關係的態度。

讓過去一起美好的相伴，都成為心中溫暖的回憶。

12

一定要救回你

恐慌，比你想像的還可怕，可怕之處在於，它會讓你做了愚蠢之極的笨事，再來讓你無比悔恨！面對心中的恐慌，用盡一切力氣去擊倒它，你會發現藏在心底深處那股安定的力量。

不想接受小狗已經是病末的恩雅，一直不斷的到處找尋可以醫治「蘋果」的方式。在半年前，醫生告知恩雅，蘋果身上的腫瘤惡化了，手術也很難可以切割，恩雅不想接受這個事實，心想：「只是西醫的局限，沒有辦法醫治而已吧？」

恩雅停止小狗的西醫治療，開始為蘋果找不同的醫生，做不同的治療。恩雅試過了同類療法、芳香療法、中藥治療、花精治療等，只要可以找到的另類療法，恩雅都帶蘋果去嘗試，希望可以在不同的療法中，為蘋果找到希望。

但蘋果的病情，卻沒有因為不同的療癒方式，有了任何改善。這一個月，已經不太進食了，水也喝得很少。看到蘋果病情惡化的恩雅，開始感到焦慮，不論是網路上的任何文章、或是其他狗主人的建議，恩雅都會嘗試。家裡已經堆滿了各種偏方、藥罐、維他命補充品。

有一天，恩雅在網路上，看到了一種特別的能量療法，馬上打電話過去詢問。

「請問這療法，可以幫到狗狗身上的腫瘤嗎？」恩雅著急的問。

「可以的，能量可以幫助疏通體內的阻塞、瘀塞。」電話那頭回答。

「那要怎麼治療？每個星期幾次？」恩雅感到興奮，好像找到

了希望。

「我們可以做遠距離治療，把能量傳遞過去給小狗。妳也可以不用帶著小狗到處跑。每個星期，三次的療程就可以了。」

「太好了，原來這麼方便就可以了。我們什麼時候可以開始？」

「妳要的話，馬上就可以開始了，每次只要三十分鐘。」電話那頭回覆。

恩雅停下了所有其他的治療方式，讓蘋果每個星期接受三次遠距離的能量傳遞治療，期望就此可以幫到小狗，治癒身上的腫瘤。然而三個星期過後，蘋果的病情不但沒有好轉，反而精神狀態越來越差。發現情況不對的恩雅，帶著蘋果到了一家知名的中獸醫診所。

「醫生，你一定要救牠，我聽說你針灸很厲害，效果很好。」恩雅說。

「小狗多久沒有進食了。」號著脈的醫生問。

「這幾天吧。」恩雅隨口回答。

「幾天？」醫生嚴肅的問。

「我也不太記得了。但幾個星期前，牠就不太吃東西了，可是我都有餵一些天然保健品，補充牠的營養。」

「所以已經幾個星期都沒有胃口了？」醫生看著雙眼無神、身體乾枯的小狗。

「對啊，所以我一直有在讓牠接受不同的治療。」恩雅回答。

「不同的治療？」醫生問。

恩雅把過去幾個月，蘋果接受過的治療，講述給醫生聽。

看著說得很得意的恩雅，醫生搖了搖頭：「妳看小狗已經病成這樣了，身體內也沒有什麼氣血了。針灸也幫不了。」

「可以的，你就試試看吧！大家都說你很屬害。」恩雅堅持，看著病奄奄的蘋果：「一定要救回你。」

醫生靜靜的看著恩雅：「已經太遲了。」

當我們面臨病情末期的時刻，心中的徬徨、無助是很難避免的。在這迷茫、慌亂的時期，可以幫到寶貝與自己最佳的方式，是讓自己先安定下來。唯有穩定的情緒、鎮定的思維，才能夠讓我們做出最好的選擇與安排。

不要讓內心的擔憂、恐懼，讓自己在陪伴過程中，迷失了方向、亂了方寸。客觀的找尋與過濾可以幫到寶貝的方式，以及用心陪伴在一起的每一天。

13

再見，期待再相遇

祝福，可以讓我們內心轉變感受，期待再次的歡喜相見，也就能欣然面對離別時的感傷。

抱著已經離世的小狗，靜馨已經哭了一個早上。陪伴了這個家十六年的小狗貝比，在這個早晨離開了。前一個晚上還好好的，早上靜馨的媽媽起床後，發現小狗已經沒有呼吸了。

知道這個消息後，最疼愛貝比的靜馨大哭不止。沒有生病、任何徵兆的小狗，突然就離開了，是靜馨萬萬沒有想到的。這樣突來的訊息，她怎麼樣都不能接受。看到傷心的靜馨，媽媽也不知道如何安慰才好。全家疼愛的小狗，突然就這樣離開，媽媽自己也不知道如何面對。

見到女兒哭腫了雙眼，依舊抱著小狗不肯放下，媽媽自己喝了杯水後，沉澱了自己的心情，緩緩的跟靜馨說：「貝比，也是年紀很大了。可能就是時間到了……」

「但昨晚還好端端的啊。」靜馨不能理解，怎麼生命可以說停就停。

「對，我知道，昨晚還來讓我們都摸一摸。」媽媽也不知道如何解釋。

「對啊，不是都好端端的嗎？怎麼會一覺醒來，牠就走了？」

「或許，那是牠在跟我們道別？」媽媽嘗試理解。

「道別？也沒有特別跡象啊？每個晚上牠不都是這樣嗎？」靜馨依然啜泣。

「生命，真的是很難說，幾時會結束。」媽媽無奈的說：「那

時妳外婆，不也是突然間就離開我們了嗎？」

「......」靜馨好像有所體會，但依舊無法接受這個事實。

「不如我們幫貝比處理一下......」媽媽不知道如何讓女兒放下懷中的小狗。

「貝比真的不會再回來了嗎？」靜馨期望聽到媽媽說會，讓自己可以好過一點。

「我想，貝比已經到了另一個地方。或許在那邊，牠可以開始一個新的生活。」媽媽嘗試轉換方式來安慰。

「媽，妳說牠會去哪呢？在那邊真的會好一點嗎？會比跟我們住一起好嗎？」靜馨想為自己找到一個答案。

「可能是一個更舒服的地方呢？」

「牠在這的身體也老了，雖然沒有什麼病痛，但走路也是沒有以前那麼輕鬆了。」

「所以到那邊，牠應該會輕鬆很多？」靜馨希望聽到一個可以讓自己放心的答案。

「寶貝，我其實也不知道。」媽媽不想說出自己也不懂的事情。

「那我們還能為貝比做什麼呢？」靜馨的念頭，好像開始有了轉變。

「不如我們一起祝福貝比，希望牠之後可以到一個更快樂、更舒服的地方，每天都可以開開心心的地方？」媽媽希望這樣可以讓靜馨轉變心情。

「好。」雖然還是無法馬上放下懷中的小狗、內心的傷痛。但靜馨已經開始有點釋懷了。

「貝比，我們很高興這十幾年來你都陪著我們，不論你之後到哪去，我跟媽媽，都祝福你，一切好好的。」靜馨抱著貝比，輕輕的在牠耳邊說：「再見了，期待我們以後有機會可以再相遇。」

　　看著靜馨祝福著懷中的貝比，媽媽也忍不住眼中的淚水，一滴一滴奪眶而出：「再見了，貝比。」

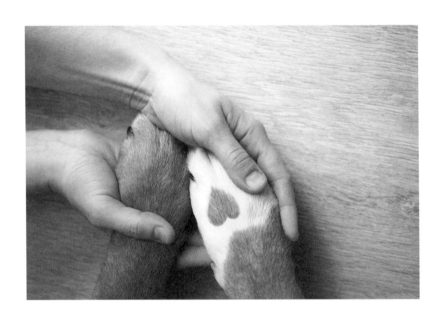

每一次的分離，都是讓人難以接受的。不論相處的時間長短，離別都是教人心痛的。當我們練習用祝福與寶貝道別時，心中的難受也可以漸漸轉化。

就像餞別的心情一樣，相信彼此在下一段旅程是充滿歡樂、幸福的。雖然內心不捨，但深信未來大家會更好，讓我們以祝福的心情放手說再見。

當來到心痛的離別時刻，那麼就提醒自己，雖然處於不同的空間，但內心溫暖的思念，是永遠一起的。

遇見毛孩，
遇見更好的自己

陪伴寵物生病老後，學會對自己最重要的人生課題

作者 / JYC（Jack Yen Chen）

發行人・總編輯 / 王雅卿
執行編輯 / 王靖雅
美術編輯 / 項苑喬
封面設計 / Henry Chiu、項苑喬
圖片來源 / Shutterstock.com

出版發行 / 樂思文化國際事業有限公司
地　址 / 台灣新北市234永和區永和路二段57號7樓
FaceBook / https://www.facebook.com/rise.culture.tw/
電　話 / (02)7723-1780　　E-mail / riseculedit@gmail.com

總經銷 / 聯合發行股份有限公司
地　址 / 台灣新北市231新店區寶橋路235巷6弄6號2樓
電　話 / (02)2917-8022　　傳　真 / (02)2915-6275

定　價 / 新台幣380元・港幣130元
ISBN / 978-986-96828-9-3
二版 / 2024年10月

國家圖書館出版品預行編目（CIP）資料

遇見毛孩，遇見更好的自己——
陪伴寵物生病老後，學會對自己最
重要的人生課題 / JYC（Jack
Yen Chen）作

 -- 二版. - 新北市 : 樂思文化, 2024.10
面；　公分

ISBN 978-986-96828-9-3（平裝）
1.人生哲學　2.生活指導

191.9
　　　　　　　　　　　113013098